湛庐 CHEERS

与最聪明的人共同进化

HERE COMES EVERYBODY

胜任

MASTER YOUR NEXT MOVE

[英] 迈克尔·沃特金斯 著
Michael D. Watkins
张圭子 译

天津出版传媒集团
天津科学技术出版社

上架指导：企业管理 / 职业发展

图书在版编目(CIP)数据

胜任 / (英) 迈克尔 · 沃特金斯 (Michael D.Watkins) 著 ; 张圭子译 . — 天津 : 天津科学技术出版社 , 2020.11

书名原文 : Master Your Next Move

ISBN 978-7-5576-8682-6

Ⅰ . ①胜… Ⅱ . ①迈… ②张… Ⅲ . ①企业管理 Ⅳ . ① F272

中国版本图书馆 CIP 数据核字 (2020) 第 181461 号

胜任
SHENGREN
责任编辑：吴　峋
责任印制：兰　毅

出　　版：天津出版传媒集团
　　　　　天津科学技术出版社
地　　址：天津市西康路 35 号
邮　　编：300051
电　　话：(022) 23332377 (编辑部)
网　　址：www.tjkjcbs.com.cn
发　　行：新华书店经销
印　　刷：石家庄继文印刷有限公司

开本 880 × 1230　1/32　印张 8.125　字数 153 000
2020年11月第1版第1次印刷
定价：69.90元

晋升之后，你应该做些什么？

1. 不论管理者转入什么新岗位，入职的重点工作都应包括：（　　）

A. 改善企业现状

B. 调整组织架构

C. 熟悉业务、调整期望、重建人际关系网

2. 管理者应对个人适应性挑战的关键是：（　　）

A. 明确如何调整变革方法，以及变更调整已接手的业务情况

B. 提高自我意识、建立优势互补型团队等

C. 持续成功、整合并购或结束运营

3. STARS 模型可以帮助管理者：（　　）

A. 审视企业策略

B. 在内部环境中把握具体机遇，抵御相关威胁

C. 辨析企业现状，从而有针对性地开展变革

4. 为了适应新角色，管理者需要在哪些方面进行自我提升？（　　）

A. 组织文化与社交方面

B. 现有能力和必要的新技能方面

C. 影响力方面

5. 关于加速晋升过渡期，下面说法正确的是哪一个？（　　）

A. 管理者需要企业提供过渡期支持

B. 管理者需要能帮助其加速晋升过渡期的关键人士，不包括其上司

C. 管理者应自己寻找对企业形势有清楚认知的私人指导者，从而加速晋升过渡期

扫码下载“湛庐阅读”App，
搜索“胜任”，
获取答案。

序　言

晋升第一年，你准备好了吗？

对管理者而言，在整个职业生涯中，最具挑战性的工作就是新角色转换。这一结论可能过于大胆，却是一个事实，经得起数十年的研究与实践经验的考验。如果你快速习得了一身本领，搭建了重要人脉，并获得了早期成功，那么你的过往经历会帮助你过渡到新职位。但管理初期的失误会给他人留下不好的印象，从而催生很难甚至无力改变的负面影响。

我的上一本著作《创始人：新管理者如何度过第一个 90 天》（*The First 90 Days*，以下简称《创始人》），是本书必不可少的辅导指南。我看过太多的管理者在担任新职务的初期就陷入了不必要的麻烦中。他们会犯一些常见的错误，比如对新组织文化和政策了解得不够深入，没有给出相应的“答案”，试图过早地开展新项目，没有调整预期，且为此付出了无法挽回的代价，即绩效表现不佳甚至出局。

所以，我创建了一个框架和一些工具，以帮助所有处在晋升过渡期的管理者。在这个过程中，我研究了各个过渡期的共同点，而非差异点，并将这些特征提炼为一个含有 8 种要素的框架和一套工具，归纳为“第一个 90 天框架”，帮助处于各种阶段的管理者缩短过渡期。

适应新角色的 8 个策略

为了适应新角色，你必须做到下面 8 点：

1. 加快学习进程。高效且有效学习是成功转型的必要基础。你对新职务或新任务的技术要求、文化和人际关系层面了解得越快，在关键的头几个月里完成的事情就能越多。
2. 策略要与业务情况相匹配。如果业务情况不同，就需要对过渡方式进行特别的调整。明确地评估业务情况是制订过渡计划的必要先决性条件。

3. 成功谈判。你需要搞清楚如何与新上司建立一种高效的工作关系。这就意味着你要组织开展一系列关于业务情况、期望、工作方式与资源等方面的重要沟通。

4. 目标对齐。当你对业务状况、上司的期望、关键利益相关者的利益有了更深的理解后，就可以明确自己的愿景和核心目标了。接着，你可以制定策略以实现愿景和目标。

5. 搭建团队。与大多数新上任的管理者一样，你很可能无法搭建自己的团队，而是接手了上一任管理者的团队。你必须快速评估并重塑团队，接着调整、组织并激励团队，从而实现你的目标。

6. 赢得先手。这对建立起你的信誉度和产生推动力至关重要。由胜利所产生的良性循环，能够充分调动你投入组织中的能量。你可以在组织中创建出一种好事正在发生的氛围。

7. 建立联盟。你是无法独自完成很多工作的。你需要建立联盟，让他人支持你的重要计划。这就意味着，你要明确哪些是你需要赢得支持的重要人物，并要制订计划让他们加入其中。

8. 自我管理。在整个过渡期中，你必须努力保持平衡，合理分配你的精力，并保持做出正确判断的能力。在决定将要做什么或不做什么的时候，你必须纪律严明，而且必须搭建并维护好你的智囊团。

不同的职场过渡期所遇到的挑战

自《创始人》一书面世以来，我与越来越多的管理者共事，帮助他们应用书中的理念与工具，加速他们的转型。在大力支持我的理论的同时，他们中的许多人也提出了一些富有挑战性的问题。大多数问题是如何将《创始人》一书中的基本理念运用到他们实际面临的各种转型挑战上。

> “我虽已从市场副总裁晋升为总经理，但我一直不清楚自己需要聚焦在哪些方面。”
>
> “我从运营职位转岗到区域人力资源师的职位，感觉自己泥菩萨过河——自身难保。”
>
> “我已经被调任到印度尼西亚的供应链岗位，却不知如何在全新的文化背景下开展工作，我毫无头绪。”

《胜任》就是我的答复。《创始人》讲的是关于成功过渡的共性原则，而《胜任》则是关于在不同类型的过渡期内，会遇到的特殊挑战，以及如何将克服这些挑战的准则运用到你所面临的实际情况中。《创始人》的框架可以应用于每一类过渡阶段，但应用方式是完全不同的。比如，被提拔、加入新组织或以不同的岗位角色到其他国家轮岗，框架在这些角色转换中的应用方法都是不同的。如果你无法理解自己转换期间的特定要求，就会身陷泥淖。那么，管理者在担任新职务时所面临最常见的挑战类型有哪些呢？经过深思熟虑，基于我的研究成果与实践经验，本书罗列了过渡期所遇到的 8 大典型挑战。每一章都会阐明一个主题类型。

1. 如何迎接职位晋升。晋升到更高的职级，要了解你需要做什么才能在这个层级取得成功，包括关注的焦点、授权、发挥领导力和呈现现有问题。

2. 如何领导前同事。晋升中很重要的变化是要开始管理不同于以往的团队，其中就包括你以前的同事。随之而来的挑战有树立威信、重新梳理现有的关系。

3. 如何重建关系网。从一个管理岗位转向另一个需要靠影响力领导他人的岗位，你需要有个清晰的“地图”，识别出哪些是有影响力的人，了解他们的动向，并与之建立同盟关系。

4. 如何领导新组织。加入新组织要努力理解并适应新文化，保证职场政治路线的正确性，与你的新老板、同事和其他关键利益相关者保持方向的一致性。

5. 如何适应跨国职位调动。在不熟悉的文化环境中管理他人，同时还可能需要举家搬迁，获取新体系的支持。

6. 如何扭亏为盈。接管一个深陷泥潭的组织，并试图找出力挽狂澜之法。
7. 建立优势互补型团队。接管一个否认有变革需求的组织，在一系列问题形成之前，营造一种紧迫感，将局面扭转。
8. 打造执行力引擎。组织中各部门所处的状态（初创启动、整顿转向、加速增长、改革重组和保持成功）不同，所以你需要弄清楚将精力重点放在哪儿，并确定如何推动相关行动。

这里所列的挑战，绝对不可能包含你职业生涯中所有可能遇到的类型。比如，未列出的个人适应性挑战有：如何在新创建的岗位上取得成功，如何从一种业务模块转到另一种业务模块，如何首次担任跨职能的角色。未列出的组织变革挑战有：持续性成功、整合并购或结束运营。

然而，我不得不考虑到当今管理者职业生涯中普遍存在的竞争需求。这一需求的普遍性及永恒性意味着，那些能高效处理这些问题的管理者能获得更大的成功。事实上，如果你能够顺利克服上述 8 类挑战，那么你几乎可以应对过渡期内的任何挑战。

如何使用本书

《创始人》一书提供了成功过渡的通用类框架和工具，而《胜任》这本书将帮助你深入了解，在面对不同的过渡期类型时，如何应用《创始人》书中所提及的理念与工具。当你晋升到更高级别的岗位，或领导以前的同事，或加入新组织，或处理一种新的业务情况时，你会得到如何获得成功的详细建议。

如果你现在正担任一个新角色，那么本书很多章节都与你息息相关。我的研究表明，担任新角色的管理者大多会同时经历两种或两种以上的转变。所以，首先要分辨你正经历的挑战类型，确定应关注哪些章节。“过渡期挑战诊断书”能帮助你评估现状。随着你职业生涯的发展，你会迫不及待地想读完所有的章节内容。

第 1 章到第 5 章是关于个人适应性挑战的内容，如晋升、领导前同事、无领导实权、新入职以及跨国职位调动。在这类情况下，你作为新上任的管理者，需要努力让自己获得成功。如果你正在经历个人适应性挑战，就需要自问：基于我的背景、思维方式和能力，目前我的发展重点是什么？如果我被提拔，或加入新公司，或移居海外，或遇到多种组合情况，那么我该做些什么，有什么不同？我应该多做些什么，还是少做些什么？我需要培养哪些新的能力？我的管理风格需要做哪些调整？这5章不仅为每一种个人适应性挑战提供了详尽的建议，而且提供了可应用于特定情况和其他情况的工具。

第6章到第8章是不同类型的组织变革挑战。这部分的关键是要明确如何调整你的方法，以及对已接手的业务情况（或组合类型）进行变更调整。在《创始人》一书中，我提供了一个名为STARS模型的框架，帮助管理者实现这一点。STARS是5种常见情况的缩写，这5种情况是转型期管理者可能面临的情况：初创启动、整顿转向、加速增长、改革重组、保持成功。STARS模型分别概述了以下几方面的特征和挑战：启动一个项目或风险投资；使组织回到正轨；处理快速扩张问题；组织面临严重问题；维持高绩效组织的成果，并可能追随一位备受推崇的领导者的脚步。这些章节为3种最常见的场景提供了管理变革方面的具体策略，这些场景包括：扭亏为盈、改善企业现状、克服多重挑战。

在结语中，我回顾并探讨了过渡期类型对整个组织的影响。对大多数组织来说，角色转型会持续进行。总的来说，过渡期的成败对整个组织的绩效有着重要影响。鉴于独立的研究成果，过渡期内若有得力的支持，就能够使管理者在新岗位上取得最佳绩效所需的时间缩短一半。加快各级过渡期转型的组织体系是企业风险管理的基本要素，也是企业潜在的竞争优势。所以，本书探讨了企业如何为这些管理者提供最佳支持，并提出了一些在企业范围内为过渡期转型加速的基本准则。

总之，本书讲述了几乎每个职场人在晋升时都会面临的、在晋升过渡期内都会遇到的常见问题，即如何生存与发展，更深入地探讨了你现在以及未来将要面临的具体的过渡性挑战。你将获得明确的建议和有力的工具，指引你在下一步以及之后的每一步中脱颖而出。

诊断你在过渡期内所遇到的挑战

担任新职务的大多数行为涉及多种类型的过渡期挑战，且这些挑战同时存在。同时经历的过渡性挑战越多，受到的整体性挑战就越大。

表 0-1“过渡期挑战诊断书”中列出了几类过渡期内的挑战，当你晋升时，会遇到哪几种呢？

- 首先，圈出“是 / 否”，确定哪一类过渡期挑战适用于你。
- 其次，根据 1（不困难）到 5（非常困难）的等级，评估你所圈出的挑战类型的难易程度。例如，如果你晋升并加入一家新公司，哪一种过渡性挑战困难更大？

- 再次，将你在第三列所圈出的数字相加，计算出总体过渡期挑战的大致分数，预估过渡期挑战的总体难易情况。
- 最后，重点阅读本书中与你正在经历的挑战类型有关的章节，以及优先阅读对你而言最具有挑战性的章节。

表 0-1　过渡期挑战诊断书

挑战类型	是否适用于你	对你而言的难易度
1. 职位晋升	是 / 否	1　2　3　4　5
2. 领导前同事（假设你已晋升）	是 / 否	1　2　3　4　5
3. 重建关系网（转岗到一个没有实权的管理者岗位）	是 / 否	1　2　3　4　5
4. 领导新组织（入职新公司或本公司的不同部门）	是 / 否	1　2　3　4　5
5. 跨国职位调动	是 / 否	1　2　3　4　5
6. 扭亏为盈	是 / 否	1　2　3　4　5
7. 建立优势互补型团队	是 / 否	1　2　3　4　5
8. 打造执行力引擎（复杂的 STARS 组合挑战）	是 / 否	1　2　3　4　5
合计：		

目 录

第二部分　组织变革挑战

Master

Your

Next Move

第一部分

个人适应性挑战

第 1 章

如何迎接职位晋升

Master
Your
Next Move

伯特一直努力工作，终于晋升为 BSC 化工公司塑料树脂业务部的部门领导。这个部门规模相对较小，却是 BSC 业绩最好的部门之一。可转岗仅 4 个月，他起初的兴奋和喜悦就开始消退了，要领导公司的塑料树脂业务部并不容易，现实问题逐渐显现出来。高层的目的十分明确，即将伯特调到一个成功的业务部门加以培训和锻炼，使他的管理技能提高到新的层次。可不久，伯特就发现自己在学习新事物上很费力，这是他始料未及的……

伯特一直努力工作，几年后终于晋升为 BSC 化工公司塑料树脂业务部的领导。可转岗仅 4 个月，他起初的兴奋和喜悦就开始消退了，要领导公司的塑料树脂业务部并不容易，现实问题逐渐显现出来，而且要掌管一个拥有 3 000 多名员工的跨国业务部门，伯特不知道自己是否为克服这样的挑战做足了准备。

BSC 生产特种化学品、塑料，还涉足制药行业，总部设在比利时。获得硕士学位后，伯特就加入了 BSC 高性能塑料业务部，担任产品经理助理。他的领导能力在这第一份工作中就得到了最初的认可。因一向表现出众，伯特被派往新加坡筹建高性能塑料业务部亚洲业务中心。很快，他就为新公司成立起销售部，并晋升为销售经理。除了掌管销售部，他还负责分包 BSC 的塑料产品业务。由此，伯特在产品制造方面卓有成效之后，便开始将事业重心转向商务方面。

3 年后，伯特回到比利时，他被提升为欧洲市场营销和销售总监，领导一个拥有 80 名各类专业人士的部门，这个部门的功能涵盖技术营销、产品销售和客户服务。同时，他加入了公司的高管团队，参与业务单位一级的决策，全面熟悉了公司各方面的运营业务，并升任 BSC 聚乙烯部门的营销和销售副总裁，主管整个产品集群及相关服务，管理的员工将近 200 人。

此时，伯特已拥有在 BSC 12 年的成功工作经验，被看成是企业的接班人。他受命加入 BSC 的人力资源部门，做了 3 年内部采购和外部招聘管理人员的工作。这使得他对人力资源和公司运营有了更多、更深入的了解，同时有机会建立覆盖全公司的人际网络。他开始更多地和 BSC 的高管们出现在一起。

伯特所有的辛勤工作最终得到了回报，他被任命为塑料树脂业务部的领导。塑料树脂业务部是与高性能塑料业务部同等重要的部门，尽管塑料树脂业务部规模相对较小，却是 BSC 业绩最好的部门之一。BSC 高层的目的十分明确，即将伯特调到一个成功的业务部门，并为他配备一个强有力的团队，帮助他学习如何使企业蒸蒸日上，使他的管理技能在加以锻炼后提高到新的层次。开始时，一切都很完美，他也热衷于学习和锻炼，可不久，伯特就发现自己在学习新事物上很费力。这是他始料未及的。

上级对他的期望很高，这也使他十分烦恼，毕竟接手一项成功的业务，本来发展的空间就十分有限，弄不好还会业绩大跌。树脂业务利润很高，同时也已经发展得非常成熟了。这就向伯特提出了一系列挑战，而且这些挑战与他在管理高速发展的高性能塑料业务时所面临的情况完全不同。他担心任何一个重大失误都会导致他在 BSC 的前途毁于一旦。

伯特也很快认识到，以前领导具有特定职能的部门和现在掌管多职能、跨领域的完整产业有着本质的不同。伯特现在领导的大部分员工都比他更了解业务的运营状况，也就是研发工作。但是，员工们期望他能对供需做出正确权衡（运营 vs. 市场营销和销售），并在眼前效益与投资方向之间做出明智决策（财务 vs. 研发）。伯特的新职位具有跨部门的特性，而他却觉得自己无论在哪个领域都没有专业知识做基础，因此在对团队强项和弱点的判断上就不是那么自信。

现在伯特领导着比以往任何时候都多的员工。在之前的管理岗位上，尽管有时候员工分散在各地，伯特也能够与他们保持适当的个人联系。而在新领导职位上，他不可能再做到这一点，因为他的员工超过了 3 000 名，且遍布世界各地的工厂。

在与团队制定年度规划时，他开始切实地体会到一点，即当需要与团队交流时，他不能只是走出办公室直接说出自己的意见，而是必须通过更多的直接下属开展工作，不断拓展信息沟通的新渠道。伯特视察了所有工厂，可还是担心无法与现场保持信息畅通，不能实时掌控现场的情况。

在 BSC 任职过程中，伯特加入过许多不同的管理团队，他总能在规定的时间内解决业务主管抛来的棘手问题，因此赢得过不少赞誉。但这次在新的管理岗位上遇到的问题，单就规模和复杂性而言，伯特就感到很有压力。他经常感到力不从心，时间有限，需要处理的事务却总是源源不断。他知道应该给下属更多的授权，却不知道哪些任务和工作能放心地交给别人去做。

除此之外，伯特也认识到了他在塑料树脂业务的管理模式上存在着问题。他的下属中有一位主管人力资源的副总，此人经验丰富且对事务有着深刻见解。一个月前，这位副总向伯特提出了有些直率却十分友善的建议："您看上去对市场营销和销售副总干预得太多了。您需要给他一点儿空间。"他还建议伯特在高层团队会议中谨言慎行，并且注意提出新想法的方式和时机。"我知道您只是在尝试让团队更加开放和放松，可是其他人却不清楚是否要把您所有的想法都付诸实践，因此会变得更加紧张。”

最后，伯特只能努力适应疲于奔命的生活状态，每天应付各种事务。虽然过去他会接听分析师的电话，但是现在他更盼着能通过讨论会来解决棘手的问题。同样，其他方面的请求也源源不断地在助手处等待他的回复：

- 伯特能来参加一个由总公司筹办的重要行业大会吗？
- 伯特愿意接受《福布斯》杂志编辑的专访吗？
- 伯特能在接下来的几个月里出席国内外的一些行业会议、颁奖典礼和其他活动并做演讲吗？

自我提升，迎接晋升挑战

伯特的经历告诉人们，要想在公司获得影响力、在事业上更上一层楼，就需要为此辛勤工作多年。晋升确实标志着这一阶段可以告一段落了，但晋升也意味着新征程的开始。**你必须明白在新角色中哪些方面需要提升，如何才能超越上司对你的期望，怎样才能在更高一级的事务中为自己定位。这就是晋升挑战。**

那么，该如何迎接晋升挑战呢？我着重强调“提升自我”的重要性。尽管放心，我主张的并非那种自我推销，而是管理者需要为晋升做好心理准备，以面对任何由个人变化带来的挑战。提升你自己并不是说只要继续做你在前一份工作中做过的，就一定能在新工作中也取得成功。只有付出更多的努力，你才有可能胜任新职位。这就意味着要放下过去所取得的成绩，欣然接受新职位所必须面对的挑战。

提升自我的过程有助于你区别两种挑战：一种是在大多数晋升中都会遇到的；另一种是即将升任的特定管理层和管理职位所带来的。常见的晋升挑战，大多数来自管理者在晋升过程中遇到的有关信息处理需求的可预测变化。对此，我将在下面几部分里进行讨论，如管理者每次晋升后需要如何重新授权才能妥善地对更大、更复杂的问题做出决断。

不过仅仅关注常见的晋升挑战还不够，因为管理者需要获得特定管理层所需的具体能力，才能取得成功。在这一点上，许多新晋管理者都遇到了阻碍，他们的经验可以克服常见的晋升挑战（如适当授权），却不足以使他们具备新的管理层所要求的全部特定能力。

还以伯特为例。他一直试图弄明白从一名职能部门副总到一名真正的总经理到底意味着什么。要解开这个谜团，他需要认清自己所面对的核心挑战和这两个角色在能力要求上的差距，然后有效地采取措施。他必须提高自我修养，完成以前无力为之的事情；建立与自身形成优势互补的团队；听取和分析下属的意见和建议。

迎接核心晋升挑战的 5 大策略

许多新晋管理者面对的核心晋升挑战是伴随其晋升到更高一级管理层而来的，由此对管理者的信息处理能力和影响力都提出了新的要求。

- 你不得不同时处理多重任务：你的职责范围或你直接参与的一系列事件和挑战为你的升迁拓宽了道路，你需要同时处理更多的事情。
- 你必须处理更多复杂模糊的事务：当你晋升到更高一级的管理层时，事务的因果关系就不再那么明显了，因此解决任何特定问题时，都需要考虑更多的可变因素。
- 你必须应付更难处理的组织关系：在更高的管理层，每个人的个人能力都很强且个性鲜明。

- 你需要进行非现场管理：晋升到更高的管理层后，沟通策略很难向下延伸至各个工厂，要保持信息畅通并时刻知晓现场情况并不容易。
- 你的一举一动会时时刻刻被更多的人关注：即使不在公共场合，私密度也会降低。

每一个常见的核心晋升挑战都有一个对应策略供你提升自我（见表 1-1）。

表 1-1　核心晋升挑战

什么真正变了？	你该怎么做？
更大的关注面：需要关注更多的事情、人和观点	平衡深度与广度
更复杂、更模糊：可变因素增加了，结果具有更多不确定性	给予更多授权
更难应对的办公室政治：有更多位高权重的利益相关者需要应付	建立利益相关者联盟
更远离现场：你与现场主管的距离越来越远了，这很可能削弱了沟通效果，你得到的很可能是过滤后的信息	以更正式的方式沟通
更高的曝光度：更多人在时刻关注着你	适应更高的曝光度

平衡深度与广度

每次晋升后，管理者的关注面都会扩大，需要处理和决策的事务也会更多。伯特过去只关注他的分内职责，这阻碍了他管理更大的业务部门。现在他不得不处理大量会影响部门运营的事务。

要克服业务规模增大这个挑战，管理者们必须获得企业综合视野，并以此开展管理工作。在《领导者的特性》(*The Nature of Leadership*）一书中，作者 B. 约瑟夫 · 怀特（B. Joseph White）与亚龙 · 普莱斯（Yaron Prywes）将这种视野描述成"直升机视野"(helicopter view)——以更宽阔的视野审视组织，包括它的过去、现在和将来。

将管理者比喻成直升机还有更多的含义：直升机不能只是悬停，还需要按照飞行员的指令上升或下降。在晋升和角色转换时，记住这一点非常有助于提升和扩展管理的高度和视野，你必须保持在必要时深入事务实质的能力。你不能总是停留在几万米高空，还要找到事务的切入点并深入其中，提出问题并寻求答案，直到你确信团队成员从根本上认同你的观点和判断。做到这一点，你就能知道哪些是影响企业的关键支点问题，而这反过来又会提高你获得和运用整体观的能力。作为管理者，一定要成为有效的问题发现者，接下来我会简短地谈一下这个问题。

你需要有选择地下降，当然，感到满意后还是要回升到一定高度：无论地面的风景多么吸引人，总是悬停得离地面太近也是十分危险的。就像在得到晋升前，你发现自己总是过于关注分内的事务和职责，这就很危险了。那位主管人力资源的副总对伯特“过度管理”市场营销和销售副总的担忧，就暗示了伯特可能正处于掉入这个陷阱的危险中。

懂得何时保持上升和何时迅速下降以近距离观察事务，这是管理者每次晋升时都要重新学习的。因为前一份管理工作的“几万米”也许只是新职位上的“几千米”甚至“几百米”。秘诀就是听取建议并尽早讨论如何才能做到这一点。在你晋升到的那个管理层，总能找出工作高效的人作为学习的典范。如果能得到允许，你可以向他们讨教或找与其共事的人谈一谈；如果不能，也可以通过自行观察来向他们学习。

给予更多授权

当你的职位升高时，事务的复杂性和模糊性就会增强。这就意味着你得知晓特定项目、产品、流程等的管理方法，需要重新考虑如何授权。

管理大师彼得·德鲁克早在 20 世纪 50 年代就说过，“授权能力是领导力的核心”。无论你处于组织里的哪个位置，高效授权的关键总是差不多的：你和你信任的人成立了团队，你制定了目标和量化制度来衡量员工的进度，你将总目标细化为每个人的具体职责，并引入目标管理制度来强化整个团队的建设。也就是说，领导者需要不断思考如何授权。

然而，领导者和直接下属构成的授权分析的基本单位，需要在每次晋升后重新划定。

> 如果你只管理 5 个人，那么还有可能分配像准备营销材料或争取一个特定客户这样的具体任务；如果你的部门有 50 人，那么你的关注点则会从具体任务转向整个项目和流程；如果你的部门是 500 人以上的规模，那么你会经常将某项产品或整个平台授权出去；如果你的部门是 5 000 人的规模，那么你的直接下属们会对整个产业负责，以此类推。

建立利益相关者联盟

俗话说，位高好办事，但这可不一定。晋升后，职位性权威对推进事务进程非但没有起到更大的作用，反而作用减小了。也许你确实掌握了更大的决策权，但在决策方法上却与以往有着很大区别。整个过程中，权威的作用减小了，影响力的作用增大了。这无所谓是好还是坏，只是无法避免发生这种变化而已。导致这种变化的原因有二。

第一，晋升后，你要处理的问题更具复杂性和模糊性，你无法仅通过数据和分析就找到正确方法。在这种情况下，决策过程大多取决于他人的专业判断和行业主流观点。因此，除了你的职位性权威，是那些具有专业知识和能够主导人们观念的人在决策过程中起到了决定性作用。

第二，在组织高层中，利益相关者都具有强大的个人能力和自我意识。别忘了，之所以你能晋升，是因为你具有和利益相关者同样的素质，而你身边的每一个人——员工、上司和其他利益相关者也都是如此。所以，职位越高，决策就越困难，而且更多地受制于人际关系因素，就不足为奇了。因此，成为一名企业外交家，在组织里建立并保持联盟关系至关重要。

以更正式的方式沟通

晋升的好处是你在业务上获得了更宽阔的视野和更大的发展空间；而坏处是你离现场越来越远了，很可能接收到的都是过滤后的信息，因而无法了解到最真实的情况。一名新任管理人员就告诉我："现在伙计们有事儿也不让我知道，以前可不是这样的。"

为了防止出现这种情况，就需要另建沟通渠道。你可以保留常规的沟通方式，比如直接与客户沟通或让一些基层员工汇报情况等，也可以发布正式规定，允许基层人员就关键的法律问题或职业道德问题提出意见。

总之，一切都旨在确保指挥系统的完整性。

你还需要建立更正式的新渠道来实现你的战略规划。比如，召开市政厅式的会议，而不是仅在个体之间召开小组会议；经常使用电子邮件和视频也是非常好的信息传播手段，可以让尽可能多的人及时知晓情况。这样，或许就不需要由你的直接下属们传达重要信息了。所以，在对晋升后接管的团队进行领导力和沟通能力评估时，别忘了考虑这种情况。

适应更高的曝光度

莎士比亚在《皆大欢喜》中恰如其分地描写道：

> 世界就是一个舞台，所有男男女女都是演员：他们都有各自登场和退场的时候；有时一个人还要饰演多个角色。

晋升者不可避免地要受到更多关注。你成了主演，在一场重要的公共演出中表演。私人空间变得越来越弥足珍贵，但同时，你还必须在公众面前展现积极的领导风范，如此，压力之大就不言而喻了。冲动是起不到任何作用的，这是伯特在主管人力资源的副总告诫他不要在团队会议上随意提出新想法时学到的道理。这就是为什么在新管理岗位上尽早形成自己的领导风格如此重要了。同样的问题还包括：

- 在同等阶层，领导者应该具有怎样的形象？他们是如何工作的？
- 你对新职位有哪些认识？
- 你准备如何胜任这个职位？

这些都是需要花时间着重思考的。“记住，”一位高管对一批新晋升的副总说，“你们可都是下属晚饭餐桌上的谈资。”

7 级管理能力模式，从管理科学到领导艺术

除了常见的晋升挑战，你还需提升某些具体能力，以克服由管理层身份决定的特定障碍。还是那个问题，以前的工作方法在新职位上未必奏效，因此在角色转换过程中，你需要克服更多的障碍。只有掌握新职位要求的新技能，放弃过去的工作方式，你才能更成功地进入新角色。

晋升后，能力是怎样转变的？管理学家拉姆·查兰（Ram Charan）、德罗特人力资源公司首席执行官斯蒂芬·德罗特（Stephen Drotter）和知名领导力教练詹姆斯·诺埃尔（James Noel）在《领导梯队：全面打造领导力驱动型公司》（*The Leadership Pipeline: How to Build the Leadership Lowered Company*）一书中关注了这个问题。瓦尔特·马勒（Walter Mahler）在 20 世纪 70 年代提出了关键职业生涯十字路口框架，并将其应用到通用电气的实际管理中。在此基础上，查兰、德罗特和诺埃尔提出了 7 级管理能力模式：管理自己、管理他人、管理经理人、职能经理、业务经理、部门经理和企业经

理。还有一个此模式的改进版（见图 1-1），不同层级的管理者需要不同的具体能力。在图 1-1 中，我添加了一些常见的晋升挑战和不同管理层级出现的具体难点。

当晋升到更高层级时，新领导身上将发生难以察觉的能力变化。简单地说，就是从管理科学到领导艺术的转变。初级管理职位的技能要求一般就是遵守规则和程序。在近几十年中，有效监督的观念深入人心，使领导者们在处理常规基层事务时受益匪浅。然而随着在组织内的阶层不断升高，晋升的条件越来越复杂，晋升者需要同时具有多种能力，包括识别有效模式、快速准确地进行判断，还有像人际关系处理智慧和情商之类的软技能。从这个角度来说，高层次的晋升不再强调具体技能，而更多地注重正确地调整思维模式，比如对企业的问题进行策略性思考，考虑如何改善组织运营的竞争环境和人际关系环境。

我对著名商学院总裁管理课程的成员进行了调查，询问他们职业生涯中最艰难的过渡期是什么。重复出现最多的答案有两个：第一次成为管理人员和第一次成为业务部门领导者。在下一节中我会重点谈论晋升后要怎样调整思维模式，以及能力模型在组织中是如何推动领导力发展的。

更多的技能要求

	核心能力	常见难点
现场主管	● 了解管理的基本内容； ● 负责制定目标、监管、反馈及培训； ● 选拔、培养基层员工	● 主要依赖技术专业知识； ● 更像超级员工而非领导者
主管经理	● 能够高效地制定目标； ● 进行授权管理； ● 选拔、培养经理人	● 主要依赖技术专业知识； ● 无法进行高效授权
职能型领导者（以副总裁为典型）	● 以全局视野领导具体部门； ● 参与制定和完善公司策略； ● 选拔、培养经理人	● 过于关注自己的责任； ● 对业务全局关注不足
业务部门领导者	● 领导整个业务部门并有效权衡其中事务； ● 掌握部门盈亏，能够分析资产负债表； ● 选拔、培养职能型领导者	● 过度干涉下属； ● 没有建立明确的战略目标和战略意图； ● 无法在各个职能单位之间有效权衡
团队领导者	● 管理业务组合； ● 根据STARS状态平衡资源配置和生产消耗； ● 选拔、培养业务部门领导者	● 过度干预特定业务； ● 脱离客户和市场
高级管理者	● 建立企业视野和价值观； ● 在董事会工作； ● 通过与政府、媒体、非营利组织和其他主要投资人的互动，改善企业外部环境； ● 选拔、培养团队领导者	● 对视野和价值观关注不足； ● 没有积极主动地抓住机遇去改善人际关系环境和竞争环境

更多的思维转换

图 1-1 各个管理层级要求的核心能力和常见难点

成为高效业务部门经理必做的 7 大改变

一批刚从基层业务岗位晋升上来的业务部门经理，都拥有向更高管理层晋升的能力和基层工作经验。这批新领导和高级人力资源经理一共 75 人参与了一项调查。基于此，我建立了一个能力模型来阐明成为高效业务部门经理必做的 7 大改变，具体如下。

从专家到通才

企业的业务部门是一个亚文化圈，有着自己特定的规则和语言。到业务部门担任领导，在过渡期中要努力做到“跨职能流畅性”（cross-functional fluency）。做市场营销的人很难成为运营或研发专家，但他应该能够做到熟悉不同部门的核心术语、工具和思维方式，这样才能融入新集体。部门新任领导也许不是本专业的行家，但应该能做到评估和聘用适合的员工，正确地开展部门工作。尽管伯特做过销售和市场营销工作，还从事过生产制造行业，但要成为高效的管理者，在研发方面还有很多要学的东西。

从分析者到纵览全局者

职能部门领导者的基本职责是在相对有限的重点领域中培养分析能力并进行管理工作。相比之下，业务部门领导者则需具备多方面的知识，同时管理多个跨职能的团队，解决重要的组织性问题。作为一名新领导，关键是要学会进行综合性决策、解决综合性问题，甚至纵览全局来权衡利弊。业务部门领导者还要能够处理好各部门间的交叉事务。有些空白区域对企业十分重要，这时就需要领导者对这些事务担负起责任来。对伯特来说，最大的挑战就是要学会在跨业务领域进行权衡并决策。

从战术家到战略家

与职能部门领导者的职责不同，业务部门领导者要明确和传达组织的战略指导。他们必须能够准确地阐明和明确地传达组织的任务和目标（什么）、核心竞争力（谁）、战略（怎么做）以及他们对企业的洞察力。此外，他们还需要能够在战术重点（树）和战略重点（森林）上自然娴熟地转换。他们必须学会从战略角度进行思考，不断提升自身能力，才能在喧闹复杂的环境中察觉到重要的行为模式；明晰这些模式，并以有力、直接的方法与组织中的其他成员进行协调；凭借战略性的洞察力预测包括客户和竞争对手在内的关键参与者的反应，并做好应对预案。

从建筑工人到建筑师

经理人要为卓越表现奠定好基础。随着升入越来越高的管理阶层，他们在这方面的责任就会越来越大，包括为业务上的重大突破创造良好的组织环境。这就要求业务部门领导者必须了解战略、结构、系统、流程和人才储备是如何相互作用的。他们还必须是组织原则设计、业务流程改进、技能培养与管理方面的专家。伯特所在的组织就没有为领导者提供相应的升职培训，导致他像个准备不足的建筑师，只能向组织发展顾问咨询。

从战士到外交家

高效的业务部门领导者认为，主动改变外部环境、经营与重大利益集团的关系才是事半功倍之道。他们通过与政府、非政府组织、媒体和利益相关者保持良好关系来谋求更大的利益。他们寻找企业间合作的机遇，甚至利用竞争对手来改变“游戏规则”。相比而言，职能部门领导者更注重提升与业务相关的能力和对本部门进行高效部署，以此来增强竞争力（详见第 3 章）。

从解决问题者到发现问题者

很多领导者因为解决问题的能力很强而得到提升，但当成为业务部门领导者时，必须将关注点从解决问题转向从一开始就发现和有效预防“可预见的危机”，这个概念是我在《未雨绸缪：可预见的危机及其防范》（*Predictable Surprises: The Disasters You Should Have Seen Coming and How to Prevent Them*）中提出的。问题发现者就是要清楚地认识到形成中的威胁并优先处理这些事务，与组织协调后做出反应并解决问题；他们还需要落实预防性行动以促使组织进行自我调整。其最终目的是建立学习型组织，使组织能够迅速有效地应对环境变化，令竞争对手望尘莫及（详见第 7 章）。

从角色扮演者到角色模范

在企业里，人们会首先观察业务部门领导者，将他们的言行举止作为标准，来判断哪些是正确的行为和端正的态度。作为职能部门领导者，只要做到高效、能出成果，就足以被员工接受了。相比之下，对业务部门领导者的要求则提高了一个档次——他们需要成为令人瞩目的典范。无论是好是坏，任何组织的领导者都具有感染力。这就是说，领导者的举动会影响其下属，之后又会通过下属向下延伸，最终影响到整个组织。不久，领导者的举动就会彻底影响组织各个层级的工作，而这最终会反映在组织文化中，影响到晋升和接管组织的各级领导者，使他们生成自我强化反馈循环，这可能是积极的，也可能是消极的。

像大多数业务部门领导者一样，伯特面临着需要同时做出以上 7 项重大改变的挑战。他需要学习新业务领域的相关知识、更重视综合性问题的决策、进行战略性思考、做出重要的组织性设计决策、进行企业外交、预防可预见的危机以及成为企业里最重要的典范。这是领导一家极具挑战性的企业要完成的首要任务。伯特拥有一些可贵的资源，无论是从自身而言，还是就组织来说，它们都可以帮助他获得巨大的自我提升和自我飞跃。

迎接个人适应性挑战

每个人每次得到晋升，都会重新遇到核心挑战，需要再次对具体管理层要求的具体能力加以锻炼，才能成功胜任新岗位。这些问题共同构成了管理者担任新职位时，所要面对的个人适应性挑战。在前面，我们讨论过一些加速个人调整时可以做的事情：在新环境下评估自己的强项和弱项，强制自己按新规则做事，建立优势互补型团队和调整顾问型团队。

再回过来看伯特的发展史，我建议他对研发工作进行较深入的了解，熟练掌握研发工作的相关语言。尽管这对他来说会是个比较艰难的过程，却是无论如何都必须做到的。他同样应该接受人力资源副总的建议，即不要过多干涉市场营销和销售部副总。实际上，那位副总的能力没有问题，是伯特对新职位缺乏安全感。

接下来，问题就是谁能帮伯特完成授权后的工作了。伯特自己深谙营销和销售之道，同时还会留意合适的人选，这样就能挑选出贤能之士来负责具体运营工作，并与他形成工作伙伴关系。实际上，他的几位运营副总和财务副总都是不错的人选。

最后，伯特要明白，仅从副总那里咨询事务和听取意见仍无法满足他作为部门领导的需要。他需要与更多的贤能之士建立顾问咨询关系，以加强他在薄弱环节的洞察力，了解如何从全局上开展领导工作，克服企业内部和外部的人际关系挑战，并为更大的提升和进步夯实基础。因此，在面对所有挑战时，伯特需要认真思考如何调整建议和咨询系统。

企业如何支持重要职位人事变动

除了采用一般性框架和普遍方法来加速晋升过渡期，企业应该为新晋管理者做好哪些辅助工作呢？

一个方法是，企业应该建立并使用良好的能力模型，规定不同的管理层级需要哪些具体技能，以此作为企业领导力的补给线。如果有这样一个很好的能力模型，新晋管理者就可以在晋升至更高管理层后得到有效的指导。

这些能力模型必须真实、简洁并且具有可执行性，这样才能发挥出效果。现实主义在此非常重要：管理者被告知需要改进的地方，只要按照能力模型的要求来做就可以取得成功，但是如果采用这个系统，投入了时间和精力加强能力模型规定的能力，却迟迟没能得到晋升（很多原因都会造成这种情况，比如，一些改进需要得到企业内部关键人物在权力上的支持才能得以实现），那么能力模型就会引来质疑和不满。因此，企业需要认真思考如何采用和推广能力模型。

简洁、实用是确保能力模型生效的最主要因素。如果能力模型列出了上千个技能或领导者特质，或过于复杂和模糊，以致踌躇满志的管理者根本无法知道什么才是重点，甚至连企业的人才开发专家也不知道该如何使用或支持这种能力模型；如果每个层级的要求超过了 10 条，那么这个模型本身就存在问题。相反，能力模型应该是技能、特质和表现合理紧凑的组合。

最后就是执行问题了。如果一个能力模型没有规定表现的评判基准，那就毫无价值。因为你无法将你在新项目或新工程中的表现与模型的要求进行对照，就无法起到衡量并促进个人进步的作用。

注意，不同企业或不同行业领域的评价体系是不同的：不同的企业策略、企业文化和激励机制不能以单一的基准来衡量。有一家著名的评估咨询公司以跨行业领域标准来评估一家领先的全球物流公司的最高管理层，结果是高层管理者们的主要战略思维评分远低于平均值——这大大激起了他们的愤怒，削弱了能力模型和评估流程的可靠性。背后原因是，这次评估没有将属于物流领域的企业文化考虑进去，而正是行业的特殊性决定了执行和运营的效率。

企业对重要职位人事变动过渡期的支持，还有另一个方法，即建立一个设计合理的职业发展路线。精巧恰当地设计职业发展路线可以有效地加速企业建立高层管理者工作平台。BSC 化工为伯特设计的发展路线就是一个很好的典范。

BSC 化工的高层为伯特设计了一系列用意明确的职位变动路线，伯特通过这些工作经历在 4 个职业发展的重要维度上获得了宝贵的经验：

- 在负责的主要职能部门中发展，同时接触其他职能部门业务；
- 了解企业的业务范围；
- 执行国内和国际任务；
- 从事业务经营和企业管理工作。

值得注意的是，正是那些混合型任务体现了 BSC 化工的业务特点：多样化、全球化和分散管理化。同样是混合型任务，但是因为企业的特性不同，所以在其他企业里就会完全不同。

BSC 化工使用不同的方法来设计职业路线，最重要的一点就是让领导者们将一系列由企业高层精心设计的任务作为跳板。每个任务都是一到两个职业发展维度的延伸，有助于领导者们获得相应的经验，而并非为难他们，将他们拖垮。伯特按照企业高层为他设计的路线，从负责产品管理工作提升至从事国际业务发展工作，同时开始接触生产制造管理工作，再被提拔为另一个分公司的销售和营销高级管理人员，之后还负责过企业人力资源工作。

BSC 化工设计路线的另一个方法就是使用练习场，即让企业未来的领导者先管理不同领域的分公司。这样他们就可以获得各种经验，并了解什么才是卓越的表现。伯特管理的塑料树脂业务规模相对较小且处于持续成功状态，有着强有力的管理团队。即使如此，伯特还是感到痛苦不堪，觉得难以应对如此艰巨的挑战。可以想象一下，如果一下子就晋升为管理更大规模业务的企业领导者、主管多个产业线，或者面对的是一个需要扭亏为盈或亟待调整的企业，在那样复杂的条件下，伯特要想取得大家的信任，恐怕会更加困难！

还有一件事可以帮助伯特更快、更好地成为一名业务部门领导：以不同的损益表来管理一部分业务，只负责几个核心功能。时常和其他会帮助你的业务部门领导谈谈进展并向他们咨询意见，会对你深刻了解和应对跨职能型挑战大有帮助。这同时也是职业发展的跳板和练习场。

伯特最终在第一个业务部领导工作中奠定了基础。3 年后，伯特成为 BSC 化工快速增长的营养品业务部领导。这使伯特获得了企业另一支柱业务——制药业务的管理经验，为日后跻身集团管理层奠定了基础。

挑战清单

Master Your Next Move

1. 职位晋升挑战就是，你必须明白在新角色中哪些方面需要提升，如何才能超越领导对你的期望，怎样才能在更高一级的事务中为自己定位。
2. 核心晋升挑战对管理者的 5 大新要求：①处理多重任务；②处理更多复杂模糊的事务；③应付更难处理的组织关系；④进行非现场管理；⑤适应时刻被更多的人注视一举一动。
3. 职位晋升挑战的 6 大对应策略：①锻炼新职位所需的能力；②获取“直升机视野”；③建立优势互补型团队，并充分授权；④成为企业外交家；⑤建立更正式的沟通渠道；⑥尽早建立领导风范。

4. 管理学家拉姆·查兰、斯蒂芬·德罗特和詹姆斯·诺埃尔提出了 7 级管理能力模式：管理自己、管理他人、管理经理人、职能经理、业务经理、部门经理和企业经理。

5. 成为高效业务部门经理必做的 7 大改变：①从专家到通才；②从分析者到纵览全局者；③从战术家到战略家；④从建筑工人到建筑师；⑤从战士到外交家；⑥从解决问题者到发现问题者；⑦从角色扮演者到角色模范。

6. 关键行动：在新环境下评估自己的强项和弱项，强制自己按新规则做事，建立优势互补型团队和调整顾问型团队。

第 2 章

如何领导前同事

Master
Your
Next Move

朱莉娅颇为意外地晋升为阿尔法电信股份有限公司的营销部主任，以前的同事现在成了她的下属，一切都是那么突然。前任营销部副总托马斯被提拔为中型电信服务团队的销售和市场营销副总裁一周后，便从直接下属的 5 名营销经理中指定朱莉娅为继任者。朱莉娅自信能让托马斯放心地去上任，可她真的能顺利完成过渡吗？

朱莉娅颇为意外地晋升为阿尔法电信股份有限公司的营销部主任，以前的同事现在成了她的下属，一切都是那么突然。托马斯既是朱莉娅的上司，也是她的良师益友。他在各方面都做得不错，就是不太擅长与人沟通。他被提拔为中型电信服务团队的销售和市场营销副总裁一周后，从直接下属的 5 名营销经理中指定朱莉娅为继任者。

朱莉娅接手的这个营销部门在近几年里取得了令人瞩目的飞跃性成就，这也是使托马斯得到晋升的重要原因。卓有成效的营销工作，令阿尔法公司在提供小型企业电信服务的专业领域取得了领先地位。同时，阿尔法公司还要与几家资质良好的新公司竞争。这些新出现的竞争对手通过压低价格的方式，竭力抢占市场份额。对此，阿尔法公司不得不也采取降价策略，于是盈利压力骤然增加。如何留住老客户同样成了问题，因为在激烈的竞争环境下，新用户数量的增长已经显现出放缓趋势。

朱莉娅确信阿尔法公司需要改变营销策略。以前托马斯采用“广播”式的营销方法，而朱莉娅则认为应该制定精确的营销策略：确定最具吸引力的细分市场并针对特定客户精心设计宣传活动。她认为公司的客户源建设应从开发新客户转向维护老客户，并应加强品牌建设。同时，她还担心有过多的产品提供着新增服务包项目，而这些项目都尚未进行足够的市场调研。

朱莉娅没来得及与前任营销部副总托马斯讨论一下工作目标和托马斯对她在工作上的期望，托马斯就已经到新岗位赴任了。不过，她自信能够让托马斯放心地去上任。毕竟，是托马斯把她招入阿尔法公司的。在过去 3 年里，她作为公司的公关部经理，打造了强大的团队，制作了大量的产品宣传材料。朱莉娅又以自身过硬的技术背景为豪，她有着应用统计学硕士学位和 5 年顶尖消费品公司市场调研分析师的从业经验。她深知细分市场的意义，因此对成功充满了信心。

不过朱莉娅还有一些担忧，首先就是安迪。他是位才华出众的领导者，只是他的营销策略总有些以自我为中心。朱莉娅知道自己的晋升对安迪来说是个不小的打击，她希望他能从失望中振作起来，全力地投入工作中去。如果能够争取到安迪的支持并与他成为盟友，朱莉娅就会在推行新想法时获得重要的支持，但她最不希望看到的事还是发生了：安迪对她充满了怨恨，不愿就此臣服，暗中抵制一切她力图推行的事。

其次是另一位团队成员阿曼达，她抛出了完全不同的挑战：她是营销支持经理，主要负责项目监督和推动执行工作。虽然阿曼达工作认真、负责，但她并不是一位能够鼓舞人心的领导者，也不是朱莉娅实行新策略所需要的那种人。多年来，阿曼达总是向朱莉娅寻求个人帮助和专业建议。虽然两人不是朋友，关系却比一般同事更亲近。现在朱莉娅不但成了阿曼达的顶头上司，还要对她进行绩效评估。

另外，朱莉娅准备以不同于托马斯的那种事必躬亲的方法来管理阿曼达的团队，她更乐于在最大限度上将工作授权给团队成员去做，实行共同承诺和集体问责原则。在此原则上，只要日程允许，朱莉娅都会提前安排好一天的任务以进行策略讨论。

最后，朱莉娅有些害怕将全是前同事的团队当成新团队来管理。她现在每天接触的下属很多比她年长且更有经验，而且一些人在组织中非常有影响力，有一位甚至是副总裁（就是托马斯去上任的那个职位）的候选人。现在朱莉娅觉得自己就像部门里的一个新人，在某种意义上，她还生活在托马斯的阴影之下。她迫切地想知道，在过渡期中如何才能与新同事处好关系。

朱莉娅从宣布升职那天起就对上述这些事情充满了担忧。那天，她像往常一样到餐厅吃午饭，在用餐区看见新同事们在一张桌子上吃饭，而几个前同事则在另一张桌子上。她感觉手中的托盘霎时间变得沉重不堪。

领导前同事，重新调整人际关系网

领导前同事的挑战即使尚没有出现，也会在你职业生涯的某个时候出现。大多数企业管理者在企业中晋升时都遇到过领导前同事的挑战，而且经历过很多次。很多人在过渡期领导前同事时都不是很顺利，他们都犯了可预见的错误，比如没有在新团队中建立足够的权威，或没有认识到需要与上司重新调整关系。虽然他们为此得到了严厉的教训，并在日后的晋升过渡期中引以为鉴，但这个弯路本是可以避免的。

莎士比亚在《亨利四世》第 5 幕第 5 场中对领导者在组织中晋升后所面对的紧张关系做了巧妙的描写。

亨利是英格兰王位的继承人，却终日和以酒鬼福斯塔夫（Falstaff）为首的一群名声败坏之徒沉溺于声色犬马之中。当亨利的父亲，也就是国王驾崩以后，他便顺理成章地继承了王位。在加冕仪式上，亨利公开拒绝了福斯塔夫："我不认识你，老头儿，跪下来向上天祈祷吧！"这显然在某种程度上伤害了亨利的这位曾经酒友。从此，亨利从放荡的青年转变成了英格兰一代明君：他的角色发生了巨大变化，很多长久存在的关系也随之彻底改变了。

领导者在组织内部晋升时，也会发生同样的事情：当你被提拔为领导者并管理以前并肩作战的同事时，你与他们互动的本质就发生了重要变化。在大多数情况下，新领导不知道该如何应对这种心理上的挑战——就像朱莉娅现在面对的这种情况一样。

在第1章，我们概括了领导者晋升后面对的基本挑战：该如何进行授权管理，在沟通方式上有哪些不同？怎样平衡新角色的深度和广度？如何锻炼新职位所需的能力？应建立怎样的领导风范？

晋升后要领导前同事的管理者确实需要面对这些挑战，但在熟悉的环境下处理这些问题会相对容易些。毕竟你对组织的文化及关键人士、公司的业务及动力等形势非常了解，而且总有多年积累的“关系资本”可以利用。

晋升后，领导前同事也是过渡期中最难应对的挑战之一，它需要你对组织中多年建立的人际关系网重新进行调整，包括调整同新上司、前同事和新同事的关系。你认为自己了解每个人，而他们却自信更清楚你的底细。那些关系都是你在以前的角色中建立的，而现在无论是行为准备、洞察力、观念，还是交际方式，情况都已经完全不同了。

关系重建的 6 大基本原则

朱莉娅的当务之急，就是进行“关系重建”。这也是所有遇到同样情况的领导者的首要任务。跨国企业通常通过从根本上重新设计工作流程来应对变化。同样，处于过渡期的领导者也可以通过重新调整与他人的关系来适应新角色，从而实现更主动的转变。这需要你特别关注与关键人物的互动，了解你们的关系需要进行哪些改变，并制订相应的计划来进行调整。具体来说，应该遵循以下 6 大基本原则：

- 必须重新调整关系；
- 从权力交接仪式起就注意调整关系；
- 继续任用优秀的前同事；
- 巧妙地建立权威；
- 凡事以企业利益为重；
- 用心打造团队。

必须重新调整关系

在长期共事中，同事们一起直面挑战，由此结下了友谊或是亲密的关系，但晋升的代价就是与前同事的关系疏远了。很多原因造成了个人关系和上下级监督关系很难同时存在：一是领导者不能因为顾及团队成员的情面而影响企业重大事项的决策，二是不可以让团队成员感到领导者偏袒某些人。

朱莉娅在上任的前几个月里，本可以轻松地坐在桌子旁等阿曼达递来绩效反馈表，可是她并没有这么做。如果朱莉娅为了缓和与阿曼达的关系而那样做，那么她破坏的就不仅是企业的制度了，同时她的领导力也会被破坏；如果她选择了对企业有利的做法，那么她与阿曼达之间的关系将会彻底改变，再也回不到以前的亲近关系了。阿曼达对此的反应从她的眼神中就能看出来。虽然这么做并不容易，但朱莉娅做得很对。朱莉娅应该从一开始就持续向她的员工传递信息："我会公正地评价你们每一个人。"之后，她需要说到做到，并持之以恒。

从权力交接仪式起就注意调整关系

在最初的日子里，组织内部的晋升其实是形式大于实质的。权力交接仪式确实能够帮助管理者确立地位，使得必须进行的关系重整变得容易一些。在理想情况下，朱莉娅的领导，也就是托马斯，会为她的晋升做好铺垫工作，特别是与安迪单独谈话，讲清提拔朱莉娅的原因，并召集团队全体成员正式宣布朱莉娅为他的继任者。这么做会为朱莉娅顺利接管工作做好铺垫。

如果企业对内部晋升有一整套完善的传达制度，那么也会对权力交接非常有帮助。无论是正式还是非正式的信息，都要注意传达的内容和时机，以便更好地将选拔的过程和结果传达给每一名员工。在与我合作的一些组织里，一般会在将近中午的时候通过电子邮件向全体员工宣布人员晋升。如此一来，员工们就有时间消化这个消息，或许还可以在午餐时间讨论一下这件事。这同时也给了管理者时间来接触关键利益相关者：和新团队成员进行简短的会面或开始一对一的见面。

可惜朱莉娅的晋升并没有得到这些帮助，她只能自己为自己的“加冕场景”设计台词。她应该召开一次正式的团队会议，以便让人们正视这次人事变动。她在会中的讲话需要传达出几项重要信息，例如，她希望能与团队共同努力推进组织发展；她很珍视每位团队成员做出的贡献，并希望能与每个人都进行一次单独见面，等等。理想情况下，她应该已经开始着手召开这些会议了。

继续任用优秀的前同事

晋升总会有人欢喜有人忧，那些雄心勃勃却没有得到晋升的人总会陷入无限的失落之中。从实际利益出发，企业也应该与这些人做好沟通工作。使用绩效评估和接班人培养系统，客观严格地评估员工表现，可以让他们对自己的发展前景形成切合实际的预期。

如果企业能很好地控制晋升程序，那么即使最终晋升结果会令一些人失望，也不至于会出人意料。通常情况下，像朱莉娅这样的新任领导都不得不处理与前同事的关系。虽然有些人能够克服失望情绪转而协助新任领导开展工作，但多数人会为没有得到晋升而感到丧气、愤怒，甚至认为自己被欺骗了。这就需要新任领导想办法安抚他们的负面情绪。

未晋升者将会经历几个不同程度的痛苦阶段，精神病学家伊丽莎白·库伯勒-罗斯（Elisabeth Kübler-Ross）在《论死亡与濒死》（*On Death and Dying*）一书中，认为是——拒绝、愤怒、争辩、沮丧和接受，他们需要一些时间才能走出这些不良情绪。如果前同事的确很优秀，而新任领导也想留住他们予以重用，就要尊重他们的情绪，尽最大努力帮他们调整好心态。正确的做法是，首先，要和他们进行沟通，强调你会珍视他们对企业成就所做的点滴贡献。这种交流最好是私下一对一进行，除非公开环境允许，否则人们会觉得你是在屈尊做这件事，不利于你在组织中建立个人权威。

其次，要注意与他们谈话的时机和方式。是一上任就找他们谈话，还是等他们消化并接受了这个消息之后再谈？是直击他们的忧虑之处，还是委婉道来？是表示同情，还是就事论事？这都取决于谈话对象与你的个人关系。如果他们只是失落而非愤恨，你们的关系也不错，那么在轻松的谈话中直入主题就可以了。这将会非常有效。要是像安迪这种情况，在失落的同时心怀怨恨，或者不愿开诚布公地谈论这些事，就需要让未晋升者来主导谈话或是发泄情绪。新任领导要做的就是时刻强调未晋升者是团队中不可或缺的人物。

谈话中，他们会把你的晋升视作对自己工作能力和发展潜能的否定，会认为自己的事业发展走到了尽头，并因此焦虑不堪、终日痛苦。因此，作为领导者，你应该尽量减轻他们的忧虑。就拿朱莉娅和安迪来说，如果朱莉娅能坐下与安迪进行恳切的交谈，让安迪相信自己会得到更好的发展和提升，那他留下为朱莉娅工作的可能性就更大一些，或许他们还能建立起新的领导与下属关系。

请谨记，有时前同事无法逾越的障碍或许只是认为组织对自己不重视或对自己失去了信心。他们的能力很强，只是无法面对为你工作的现实而已。而作为领导，要谨慎地判断他们是否真心愿意留下加入新团队。如果一段时间后发现他们的留下并非心甘情愿，就需要帮他们寻求其他发展机会了。

巧妙地建立权威

在前同事面前作为领导部署工作，就像在刀尖上行走一样，很难保证将权威施展得恰到好处，要么总是太过了，要么完全没有权威。新领导很容易就成了“超级员工”：尽管你的身份已经变了，可仍然会对前同事提供过多的帮助、鼓励和支持。新领导要谨防新角色中出现“拿破仑情节”，即颁布了法令却没有执行。虽然在开始时可能会把握不好，但既然晋升为领导者，就要树立和行使作为领导者的权威。

找到中间立场十分重要。刚开始，朱莉娅会有一段时间总想把持住所有事务。在最初的几个月里，她应该采取“咨询 —决策”的方法来解决关键事务。这样做既可以树立个人权威，也符合阿尔法公司通常的做法。通过认真听取意见和建议（“咨询”一侧），让团队成员意识到她十分重视有价值的提议。经过认真思考迅速拿出解决方案（“决策”一侧），能够展现她英明决策的能力和承担后果的责任感。一旦与团队磨合后形成了新的工作规律，朱莉娅就会在时机成熟时与员工达成更多的共识。

凡事以企业利益为重

自宣布晋升之日起，你的前同事，也就是现在的下属，会紧张地观望你是否要任用嫡系人士或予以他们更多的便利。尽管“新官上任三把火”，有时这却可能带来破坏性。对此，你需要坚持一切以企业利益至上为原则来做事，你所做的每一个决定都要参照两个框架。一个是切实遵守职业道德和勇于承担责任与后果。你的新员工越快了解到你的作风是“对事强硬，对人和善”，就会越快承认你的权威。

另一个是，避免让前同事认为你在搞权力手腕的方法，也就是采用欧洲工商管理学院的教授 W. 钱·金（W. Chan Kim）与战略学研究员勒妮·莫博涅（Renée Mauborgne）提出的“公平程序”（fair process）来决策重要事项，即建立并使用一套工作程序，如将咨询决策方法与“企业利益至上”原则结合起来，对备选行动进行评估。

朱莉娅入职几个月后就能运用这些原则，对阿尔法公司新服务包项目进行调研。推出新产品涉及组织内部的很多部门，而营销策略是由安迪负责的。朱莉娅知道她想要做的每一个改变都会引起职场政治风波，不仅是因为安迪暗中抵制她的计划，而且是因为它们牵扯到公司很多人的利益和日程安排。预计到新计划必然会遭到各方抵制，朱莉娅决定组建一个项目评估团队，并任命安迪为负责人。安迪会认为这是个重获职业前景的好机会，自然会积极响应。朱莉娅凭借自身的影响力和与其他部门的关系，调集销售、运营和财务等部门的专业人士组成了新团队来开展评估工作。

朱莉娅十分谨慎地将团队的评估工作具体到各个阶段。第一阶段要对市场现状进行全面调查，确定顾客最需要什么产品。第二阶段，她带领团队制定评估项目成本和收益所需的质量与数量方面的标准。最后阶段，她才对现有项目组合进行评估。此时，已经没有人争论是否需要推出新服务包了，大家都认为这个项目已经具备了充分的合理性，很快就对项目的保留达成了一致看法。

用心打造团队

管理者会希望能有机会外出开会。朱莉娅就总是希望能实行新日程："让我把所有人召集起来，找一个安静的地方和他们倾心交谈。这样一定能够赢得人心。"管理者的逻辑就是这样的。

没错，外出开会确实是促进改变的强劲动力。会议开得效果好，对团队进行调整，就能集中人们的注意力、消除隔阂、建立共识、加强动力，为成就一番事业做好准备。可要是计划不周、效果不佳，这样的会议就会导致严重的后果，而最坏的结果就是矛盾加剧、反对势力愈加壮大，管理者的权威从一开始就遭到了破坏（参见"外出会议计划清单"）。

在安排外出会议前，需要回顾一下两个相关问题：

- 作为管理者，你想要实现什么目标？
- 外出会议是实现目标最好的方法吗？

对于第二个问题，可能会有很多否定的理由，其中一个主要理由就是一旦会议不成功，反对势力就会迅速壮大，这么做的风险很大。如果有一部分人反对你进行调整，那么无论他们隐藏得多深，都会在时机尚未成熟的外出会议中显现出来，所以召开外出会议反而会滋长反对势力的气焰。比较明智的办法就是从微观层面逐渐开始，以较小的分组会议的方式分别向团队成员寻求支持，做到步步为营，最后再召开外出会议。

朱莉娅计划尽早召开外出会议，并把这当成了尝试推行她所主张的企业营销策略（转向客户区隔营销策略）和企业文化新政（转向增强互信）的途径。实际上，这么做是大错特错的。在建立新策略的问题上，她既没有得到上司的首肯，也没有足够的权威和号召力以民主的方式争取到大多数人的支持。

如果朱莉娅执意召开早期外出会议，那么她的主题应该是调查分析和建立关系，而非进行策略规划。她和团队成员可以严格审慎地分析市场环境的变化，寻求对形势达成共识。朱莉娅为这次会议准备的大量数据和她对策略问题的洞察力，可以使她获得更多必要的“武器装备”，使说服领导调整策略变得势在必行。同时，在这次会议中争取与反对势力进行沟通并开展合作，对改善与前同事的关系有着长远意义——可以体现出朱莉娅虽然严厉，但作为领导者果断、明智、大度，而且能够掌控事态发展的特质和能力。一旦这些准备工作就绪，就可以将注意力转向转变策略和改进流程了。这可能需要再次召开外出会议。

每一项原则无疑都提出了具体的挑战。如果能将这些原则运用好，就能帮助你成功地领导前同事。此外，你还需要认识到，成功担任新角色绝不是一朝一夕就能做到的事，而是需要付出大量时间和精力才能做到的事。

外出会议计划清单

设置目标

在为新团队安排外出会议之前，你需要明确这么做的原因。也就是说，你想通过这次会议达到什么目的？以下为 6 个召开团队外出会议的重要原因：

- 对业务达成共识（调查分析关注点）；
- 确定策略和愿景（策略方面关注点）；
- 改变团队的工作方式（团队工作方法关注点）；
- 建立或改变团队内部关系（关系方面关注点）；
- 制订计划并付诸实施（规划方面关注点）；
- 讨论存在巨大分歧的事项（解决矛盾关注点）。

将事情具体化

如果决定召开外出会议并认为这会对团队有好处，就要开始考虑会议的准备工作，首先请回答下面几个问题：

- 举行会议的时间和地点？
- 要讨论哪些议题，怎样安排次序？
- 由谁来主持会议？

要特别注意将会议安排得尽量周详。如果新领导本身拥有丰富的会议主持经验且威望甚高，并能保持中立，不会偏袒陷入争论的任何一方，就可以亲自主持会议。如果不具备以上条件，那么新领导最好请一个有经验的外人来主持会议，这样会立刻使团队成员严肃对待这次会议，同时让他们注意到新领导在地位上的变化。

需要避免的陷阱

不要期望一次外出会议就能解决很多问题。实际情况是一到两天的会议最好不要超过两个议题。

不要本末倒置。首先应该建立正确的基础，包括对市场环境形成共同认识（调查分析关注点）和建立工作关系（关系方面关注点）。如果没能做到这一点，就不要尝试建立新策略和确定新目标。

企业同样可以为领导前同事的新领导提供帮助以加速新团队的整合过程，一个有效的方法叫作“新领导同化过程”（new leader assimilation process），这个过程的催化剂可以是人力资源部门或外部咨询机构提供的意见。他们会分别单独会见新领导和下属，然后再作为中间人参加三方共同参与的会议。谈论的焦点在于如何调整期望值和新领导准备如何管理团队（参见“新领导同化过程”专栏）。如果催化剂起作用了，这个新领导就能以惊人的速度在团队内部建立起新的工作关系，消除阻碍团队发展的核心障碍。这样就实现了权力交接仪式的重要作用，使团队成员明确地承认重要职位的人事变动已成事实。

新领导同化过程

新领导同化过程通常包括以下几个阶段。

过程概览

在新领导与团队共同出席的会议中，主持人对新领导同化会议的目的和议程进行介绍。

收集和分析数据

会议主持人分别单独约见新任领导和团队成员，确定在同化会议中要探讨的核心事务或机遇。主要问题有:

- 你想了解新领导的哪些方面？
- 你想让新领导了解你的哪些方面？

主持人对收集的信息进行总结，并在最大程度上保持客观的态度。

预会议

主持人、新领导和人力资源代表一起开个小会，阅读数据，总结并制订同化会议计划。

同化会议

主持人把控团队会议进程，用半天或一整天来关注之前谈话中确定的核心问题和机遇，以求加速建立关系和调整期望。

与你的新同事和新上司开展工作

你与前同事的关系不是唯一需要重新激活的。对朱莉娅而言，她还要处理好与更大关系网络中的新上司和新同事之间的关系（见图 2-1）。

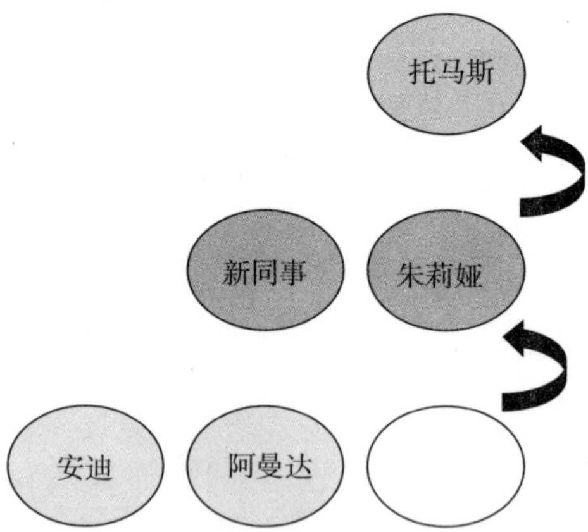

图 2-1　朱莉娅的新工作网络

与新同事开展工作

得到晋升后，就要与新同事们一起工作了——以同事的身份与他们形成互动，当然是越快越好。这些互动显然需要智慧和方法。当初朱莉娅的新同事（托马斯的前同事，他现在的下属）中肯定有营销部副总职位的其他候选人，而托马斯的升职一定使他们失望不已。朱莉娅很可能因为托马斯的提携，而被看成是他的“宠儿”。因此，朱莉娅的一些新同事会出于挫败感而不配合她在组织中试图推行的调整策略，或者精心算计使她陷入重重困境当中。

过渡期中的管理者应凭借机敏的头脑，在自信和自大之间保持恰当的平衡。这对与新同事建立起友好的工作关系至关重要。作为新任领导，应该与新同事们进行一对一的会面，并与上司讨论如何在第一次员工会议上推介你所倡导的企业策略。

在一对一会面中，多问问题能够了解新同事群体中显性和隐性的联盟关系：你能怎样帮助新同事取得更重大的成就？他们能够怎样帮助你？**上任初期，在员工会议上正确的做法是多听别人发言，经过深思熟虑后再做回应。在更深入地了解联盟关系和部门文化之后，要积攒一些关系资本，这样就可以更积极地参与活动了。**比如，朱莉娅不仅年纪比新同事小，而且资历远不及他们，尚未在新角色上与他们建立新的同事关系并取得信任，就急于推行自己的一套工作想法，这就是个错误；同时，她没有“走到桌边”和新同事们打招呼也是个错误。这使她错失了加速过渡期的一个好机会。

说到走到桌边，让我们回顾一下朱莉娅在餐厅遇到的难题：她是应该和老同事们坐在一起，还是该和新同事们一起坐，或是索性转身回办公室单独吃饭呢？抽身离开显然是错误答案，但事实就这样发生了。这让朱莉娅错过了一个加速过渡期的绝佳机会。正确答案在一定程度上要依据组织文化来决定。她至少可以在新同事桌前停一下，说她会逐一拜访他们并且盼望着能够与他们紧密地开展工作。这样做效果会好很多。在餐厅这种非正式的环境下，朱莉娅强行插入他们的团体也是不明智的，那样做同样会向她的前同事传达错误信号。其实她完全可以舒服地和老同事们坐在一起。

与新上司开展工作

假如你和你新上司的岗位都没有改变，那么你们的关系没有发生任何变化。其实当你得到晋升后，正如你与前同事的关系发生了变化一样，你与上司的关系同样也变了。改变角色就意味着期望值也改变了，与别人共事的最佳方式同样也改变了。**简单地说，当你过渡到新角色中时，需要放下长期持有的对上司的假设，调整与上司的关系，以满足你们变化后的角色需求。**

在朱莉娅的案例中，在推出新服务包项目及营销策略改革两项关键事务上，她对托马斯的接受度所做的假设是非常冒险的。她需要尽快见到托马斯，了解他对市场的评价以及他对自己在新职位上有哪些期望。如果朱莉娅真的认为改变策略势在必行，她就该为此收集数据和准备论据，并注意在提出新观点的时候，要避免让人误会她是在批判过去的策略。

朱莉娅与托马斯之间关系的调整还需要与托马斯的晋升相协调：他同样在经历晋升后领导前同事的挑战。朱莉娅与托马斯的老团队磨合得无论好坏，都会影响到托马斯的升职，因此她需要为托马斯的升职提供支持，帮助他尽快成功地进入新的角色。

最后，不可避免地要谈到营销部主任要怎么做的问题，前任托马斯与现任朱莉娅对此就存在着分歧。托马斯当然相信自己在这个问题上更有发言权，他认为自己对这个职位的了解要比朱莉娅多。在新职位上，托马斯依然会继续做朱莉娅现在做的工作，而没有认识到角色改变后很多事情都需要重新调整。

这就存在着巨大的风险：如果托马斯的过渡期进行得很顺利，那么他会非常忙碌，并且愿意处于新的工作状态中；如果他在新角色中很挣扎，那么他会尝试退回到舒适区。

总的来说，领导前同事的挑战总是伴随着困难。经过入职初期的挣扎，朱莉娅已经在新角色中站稳了脚跟，而她与安迪的关系再也没能创造出更多的胜利果实。8 个月后，安迪离开阿尔法公司，加入了另一家新成立的公司，成了那里的市场营销总监。

挑 战 清 单

Master Your Next Move

1. 领导前同事的挑战，即在晋升过渡期中如何进行关系重建，重新调整与前同事的关系。
2. 关系重建的 6 大基本原则：①必须重新调整关系；②从权力交接仪式起就注意调整关系；③继续任用优秀的前同事；④巧妙地建立权威；⑤凡事以企业利益为重；⑥用心打造团队。

3. 与新同事开展工作的对应策略：在自信与自大之间保持平衡，多听少说，了解显性和隐性的联盟关系，积攒关系资本。

4. 与新上司开展工作的对应策略：重新调整新上司与你的关系及新上司对你的期望。

5. 关键行动：①重新审视关系；②注意信息传达的内容和时机；③肯定前同事的成就与贡献；④找到中间立场，避免“拿破仑情节”；⑤“对事强硬，对人和善”，用“公平程序”来决策；⑥从小规模开始，提前设置目标，将事情具体化。

第 3 章

如何重建关系网

Master
Your
Next Move

埃琳娜在大型食品企业范利尔公司任职，作为一位卓有成就的销售与营销专家，她在公司的区域管理队伍中成长为乌克兰市场的管理总监（也称为区域经理）。因所辖区域业绩十分卓著，她被晋升为巴尔干地区管理总监，负责挽救濒于崩溃的业务，并再次取得成功。高层领导认识到埃琳娜潜在的管理才能，委任她为大区市场营销副总裁。但在新职位上工作了仅仅 4 个月，她就对公司总部管理层的官僚作风感到挫败十足。她不停地问："谁能支持我？"

埃琳娜在范利尔食品公司的新职位上工作了 4 个月，就因为公司总部管理层的官僚作风而感到挫败十足。她不停地问："谁能支持我？"

埃琳娜是一位卓有成就的销售与营销专家，在大型食品企业范利尔公司的区域管理队伍中成长起来，并成为乌克兰市场的管理总监（也称为区域经理）。她管理作风强硬、注重成效，所辖区域的业绩十分卓著。

在此成功基础上，埃琳娜晋升为巴尔干地区管理总监，负责挽救这部分濒于崩溃的业务。她在复杂的跨国环境下，积极开展工作、招募能人志士、调整产品组合、在预算额度内改进包装以迎合消费者偏好、优化运营以及争取目标客户。两年半后，巴尔干地区业务走上正轨，并且保持两位数稳定增长。

范利尔的高层领导意识到埃琳娜潜在的管理才能，认为她需要获得一些大区管理经验来完善职业生涯。他们委任埃琳娜为大区市场营销副总裁。为此，埃琳娜把家从故乡乌克兰搬到了瑞士日内瓦附近。埃琳娜的新职责涵盖范利尔在欧洲市场、中东市场和非洲市场（EMEA 大区）的营销策略、品牌建设和研发新产品的工作。她需要向美国总部的市场营销高级副总裁玛乔丽直接报告。同时，她还需要与前任上司、EMEA 大区国际运营副总裁哈拉尔德建立虚线汇报关系，因为所有的区域经理都要向他汇报工作。

埃琳娜在新角色中展现了一如既往的坚定与热情。她与 EMEA 大区的各管理总监以及前任上司进行了一对一的会面，还立即前往美国与新上司，以及范利尔市场营销部和产品研发部的其他重要成员进行了会晤。

凭借会晤中的讨论，加上她的职场经验，埃琳娜总结出了范利尔最急迫同时也存在机遇的问题，即 EMEA 大区在研发新产品方面需要协调具体业务流程和决策的集权与分权。特别是，产品配料与包装在大区范围内应该保持怎样的统一性，以及在各个区域市场内应该被给予怎样的灵活性。比如，中东地区管理总监应该在什么程度上改变范利尔知名品牌的饼干配方以迎合当地人的口味？

埃琳娜立即为她的想法安排了一场演讲，对她的初步评估结果进行了总结，同时提议对公司进行调整，包括在一些方面加强统一管理，如对品牌总体的 Logo 与定位，同时给予管理总监在其他方面更多的自主性，比如对配方进行一定限度的调整。随后，她分别与玛乔丽和哈拉尔德会面，他们都认真听取了她的想法，并肯定了她的建议。他们建议埃琳娜下一步向几位最具影响力的利益相关者，包括身在美国的范利尔公司产品研发与市场营销总监和 EMEA 大区的各位区域经理，说明她的企业调整计划。

提议得到上司的首肯后，埃琳娜很受鼓舞。可在接下来的 6 周里，她却经历了多次混乱不堪的会议，为此感到身心俱疲。根据玛乔丽的指示，埃琳娜与产品研发部高级副总裁戴维及其下属，还有范利尔市场营销部的重要人士进行了会晤。她飞到美国，向主要由产品研发部和市场营销部组成的 30 多人的小组进行陈述。事实上，他们每个人都提出应加强集中经营权，而非埃琳娜所提议的分散经营权。在会议中，埃琳娜通过观察他们的肢体语言和分析那些尖锐的评论，愈加清楚地看出产品研发部和市场营销部之间关系的紧张。她心想："这里的办公室政治形势实在是太复杂了。"虽然埃琳娜在还是区域管理总监时就经常与前任上司意见相左，但现在她明白了前任上司要处理的来自总部的棘手问题比想象的还要多，所以返程时对他充满了感激之情。

出乎意料的是，埃琳娜与 EMEA 大区各区域经理，也就是她的老同事们的会议进展得并不顺利。他们非常乐意接受埃琳娜增加额外灵活性的提议，但当提到限制他们的自治权时，就立即联合起来予以抵制。罗尔夫是一位受人尊敬的管理总监，他表示就算他们同意在一些方面加强集中管理，也还是会担心得到的权力无法弥补他们所失去的权力。因为区域经理们要对辖区盈利任务与本地资源配置的收支平衡负责。埃琳娜对此非常了解，她知道他们不可能在这个问题上达成一致。

经过一系列事件后，一向稳健的埃琳娜不得不放慢了脚步。她习惯在工作中施加权威和紧迫感，可在总部遭遇的办公室政治危机令她十分沮丧，老同事们也没有支持她。这真是双重打击。她不知道还有没有足够的耐心来解决新角色所面临的办公室政治问题。

建立联盟的 3 个关键

埃琳娜从以职位权威决定事情的一位产品线领导突然晋升

到一个需要靠影响力（建立支持联盟的能力）来做事的位置上，进退两难的状况在这种晋升中相当普遍。无论是在矩阵式组织中上任，如像埃琳娜的情况，还是与像政府机构这样的强势外部集团进行谈判，或是负责管理人力资源或信息技术等核心支持部门，遇到的基本挑战都大同小异。要达成目标，就要施展企业外交，有效地调整组织同盟、关系网络及其他商业关系来促成各项事务。

如果没有掌握这一关键技能，就会遇到很多困难：习惯使用权威来做事，同时依靠所在层级中的位置进行决策的领导，在层级更高的新职位上很快就会感到沮丧并迫使下属按照命令来做事。这些领导不但没能克服阻力，而且停止建立反应同盟，甚至通过晋升对手来拉拢竞争者。他们条件反射地聚集在一起，就和埃琳娜的前同事们采取的做法一样。新领导确实很容易陷入这种脆弱的循环之中：在权威上的过度结盟必然会导致反对声的增加。这会导致领导力更加僵化，还会导致新领导与关键利益相关者之间的矛盾更加激化。在这些斗争中，新领导实际上是非常脆弱的。埃琳娜仍然不清楚公司是如何运转的，也没有建立自己的联盟关系，因此很可能会在这些斗争中处于下风。

成为高效的外交家

怎样才算是高效的企业外交家？高效的外交家总以能在组织中促成重要事务为前提建立支持联盟。他们知道必然存在反对改革的声音，因此会事先进行预测并做好应对策略来达到目的。他们不指望能够赢得所有人的赞同，而是非常注重获得大多数人的支持。找到解决问题的办法和了解需要做哪些事情，同样需要耗费很多精力。要了解建立联盟的重要性，并将极具影响力的关键人物作为发展目标。

为建立联盟打好基础

领导者在过渡的早期就投入很多精力在组织中建立联盟关系是对的，因为这些关系会在他们做事时大有裨益。新领导未雨绸缪建立新关系是个明智之举，不要等到半夜自家院子起火时，才与及时赶来的邻居初次见面。需要注意的是，建立关系和建立联盟之间存在着一些差异，这是组织政治学强调的一个重点，而运营管理学对此的强调还远远不够。

总的来说，联盟是在两方或多方势力中谋求达成某一特定目标而形成的协议，可能是显性的，也可能是隐性的；而关系则由更多的社会交往构成，包括个人交情，可能会也可能不会在达成某一特定目标时起作用。

如果说关系未必等同于联盟，那么反之亦然：高效的企业外交家经常同与自己没有什么重要关系的人建立联盟。联盟通常以长期共同利益为基础，形成不断发展的相互支持与合作关系；短期协议则旨在推动具体事项的进程，完成目标后随即解体。你可能会和与自己意见相左的人合作，不过如果只在很小的业务范围内实现一个非常具体的目标，也许就用不着这样了。

埃琳娜正向着以影响力做决策的职位过渡，像她这样的领导者，需要更多地了解他人的议程和确定需要调整的事项，以应对纷乱的商业环境并敲定解决方案。埃琳娜曾经通过加强控制来管理运营，因此很自然地十分重视“技术”方面的学习。实际上，她应该对企业进行了解，确定核心问题并提出解决方案，因为以她的经验和秉性，还无法立即精通企业中的办公室政治。毕竟洞悉这些事情、了解别人的目标是否与自己的目标相协调，是高效企业外交最根本的出发点。图 3-1 指出了建立强大联盟的重点：商业关系与商业联盟之间的区别，关键在于是否存在长期或短期议程。

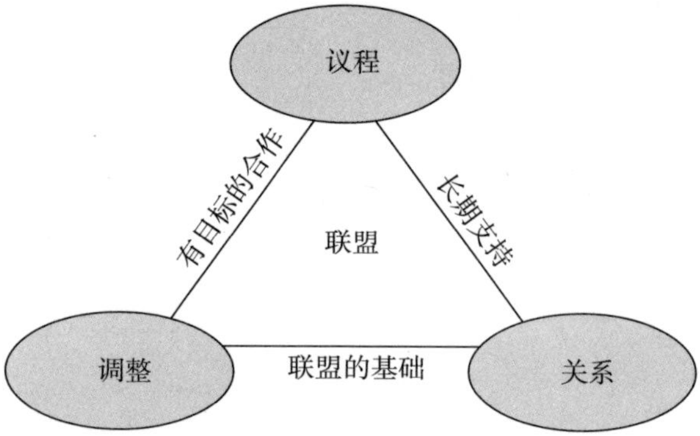

图 3-1　联盟示意图

确定你的影响力目标

通过企业外交来看埃琳娜面临的挑战，与外交官在美国与欧洲之间达成重要协定时的情景非常相似：双方之间的现状反映的是存在已久的相互妥协。这种协定或许存在缺陷，但相对稳定——除非打破原有平衡，重建秩序。

除了了解建立联盟和关系的原因、方法及二者之间的差别，领导者还要明确他们的影响力作用对象是什么，即他们希望达到怎样的目的。

埃琳娜的目标应该是努力在直接领导（即现任上司）和间接领导（即前任上司）之间，以及在他们负责的部门之间进行有效的沟通协调，让他们明白调整产品配方和包装的决策意义十分重大。市场营销部与产品研发部自然会赞同采取更集中的管理方式，而 EMEA 大区的管理总监们却急切地盼望能有更多的权力自行支配。如果想达成多方都满意的协议，就必须包括一系列多方都支持的交换条件。

为了确保能够达成协议，埃琳娜需要精心策划和召开一系列会议，分别在意见冲突的几个部门内部同时进行。要获得全体人员的一致赞同是不可能的，因为有些人为了现状已经付出了太多的时间和精力，所以埃琳娜应该争取大多数人来支持她提出的协议。

要是埃琳娜一开始就了解这些，就会将精力投到不同方面——不仅要解决她对企业诊断出的问题，还要了解她的议程是否能够在大西洋彼岸更大、更复杂的工作环境内得到支持。埃琳娜不该只想着她的建议如何有力，如何能够改变当今的格局；她也不该逼自己试图赢得所有利益相关者的支持。对她来说，赢得支持的最好方法就是确定需要建立哪些具体联盟，以及如何调整企业内部现有的影响力网络。观察、绘制影响力网络的过程可以帮她找出可能支持她的潜在力量：哪些人可能会接受她的领导？如何才能使得持反对意见的人转而支持她？

3 步绘制影响力网络

深入了解联盟和关系是如何起作用的，并确定要对组织进行哪些调整，就已经为下一步做好了准备：找出最具影响力的人物，确定需要他们做什么，以及在什么时候采取行动。表 3-1 提供了一个简单的方法来捕获相关信息。

表 3-1　确定具有影响力的参与者

谁	做什么	什么时候做

另外，表 3-1 还经常被用于对影响力网络的分析结果进行总结。对埃琳娜的影响力网络的分析如图 3-2 所示。这幅图总结了埃琳娜案例中关键参与者的关系，而她是企业与 EMEA 大区事务关键的中间人。

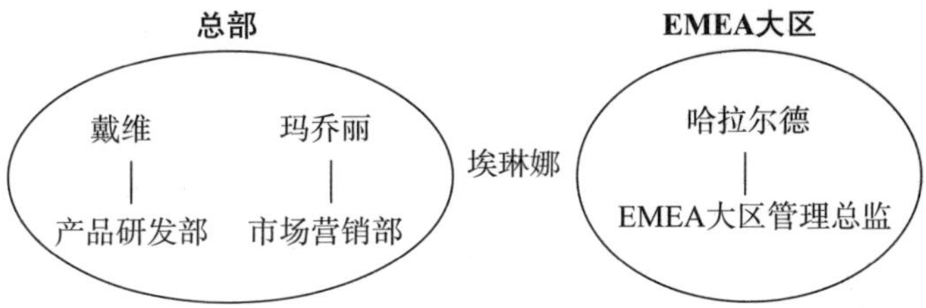

图 3-2　埃琳娜的影响力网络

第一步，分清共赢联盟与反对联盟

你要问自己一个关键问题，即要争取到哪些关键人物才能建立共赢联盟，并且通过他们的合力确实改变现状。如果埃琳娜要确保双方达成协议，就需要从企业一方争取到玛乔丽和戴维的支持，同时从 EMEA 大区赢得哈拉尔德的支持，但是他们似乎更尊重所在组织内部人士的意见。因此，埃琳娜要达成目标，就需要在产品研发部与市场营销部以及 EMEA 大区内建立共赢联盟。

埃琳娜还要努力攻克潜在的反对方，因为他们是一些希望维持现状而且有能力这么做的人。其实在每一项重大变革发生之后，都会有赢家和输家出现。哪些极具影响力的人会联合起来试图阻止变革，他们又是出于什么原因这么做的呢？在双方阵营中，哪些重要人物可能会提出反对意见，他们会如何阻碍改革进程？如果能清楚地意识到反对势力会在哪些地方做文章，就能有效地挫败他们的计谋，甚至可以从一开始就阻止他们结成反对联盟。

第二步，绘制影响力网络

了解潜在的共赢联盟和反对联盟，有助于明确组织中的影响力结构，包括正式与非正式的结构。反对联盟就是对一系列事务都与你意见相左，即对你的提议持反对态度的人组成的联盟。改革的最终实现，影响力网络起着关键性作用。组织中的动力来源并不仅限于正式的渠道，也可以通过影响力网络这种形式获得。人们在面对重要事务和进行决策时，总会遇到反对势力。以玛乔丽为例，她在更改产品包装问题上与组织中专业人士的意见发生冲突，因为他们认为改变包装会对品牌形象产生影响。最后，她只能通过与正式渠道并行的一系列沟通与说服工作完成对此事的协商。有时非正式的渠道反而可以支持正式渠道完成既定目标，或是可以从属于正式渠道。

管理者可以采用几个技巧来尽快理解并掌握办公室政治的玄机。**第一个方法是合理猜测谁会是你的提议在实现过程中的**

重要参与者，并与他们进行会面，积极主动且专心致志地听取他们的意见。多问些问题，但注意不要显露出冒犯或不敬之意。如果你对他们的回答不甚满意，在整个谈话过程中就将同样的问题以不同的方式多问两三次。使用假设场景来抛砖引玉，以听到谈话对象深思熟虑后提出的建议。

第二个方法是在会议间隙，在走廊上捕捉会议参与者在聊天或其他互动中所显示出的地位和影响力的微妙细节。谁在对谁说什么？谁坐着，谁站着，他们的位置又是怎样的？讨论具体问题时，谁和谁的意见不一致？当问题被提出来时，人们把目光投向了谁？

不用多长时间，影响力结构就变得清晰起来了，很容易就能确定谁虽然没有正式职位，却极具个人影响力。他们的非职位权威、专业知识和强大的人格魅力，都使得他们在组织中具有很高的地位和巨大的影响力。如果你能让这些舆论领袖认同你所坚持的重点，并肯定这个目标确实具有优势，就会有更多的人接受你的想法。另外，你还能够辨清现有的联盟——哪些人一起组成了或显性或隐性的联盟来谋求达到具体目标或合力维护某些特权。如果这些联盟能支持你的提议，你就能开展实质性的改革。如果他们反对你，那就没什么好讲的了，你要打破他们的联盟并建立对自己有利的新联盟。

第三步，确定支持者、反对者和可争取的第三方

通过绘制组织内部的影响力网络，管理者能准确地划分出潜在的支持者、反对者以及可争取的第三方。支持者可以包括组织里任何一位赞同你对未来的设想的人，可以是那些为自身前途不断奋斗的员工，也可以是尚未融入现有格局中的新任领导。

反对者会极力抵制你希望达成的目标，他们有无数理由不同意你的做法。总之，他们就是不赞同你提出的改革建议。他们对现状非常满意，或许是在这种状态中，他们过得实在是太舒服了，害怕改变会夺取他们的权力，害怕你的提议会影响他们最关注的人事、程序以及他们一手缔造的企业文化，比如企业一直奉行的价值观。他们最惧怕的是没有足够的能力来适应你所提出的改变。如果你能了解反对者抵抗的原因，就能更有针对性地反驳他们的说辞，甚至可以说服他们成为支持者。

说到改变他人的立场，别忘了还有一部分人是可以说服并争取到的：他们对你的提议漠不关心或还没有决定是否要支持你。如果能指出你的计划可以惠及他们的切身利益，他们就可以被说服并转而支持你的计划。

影响力网络示意图有助于了解重要的支持者布局。埃琳娜在范利尔的影响力网络结构分析如图 3-3 所示。这幅图旨在说明对埃琳娜的提议能够做出决策的关键影响力关系。

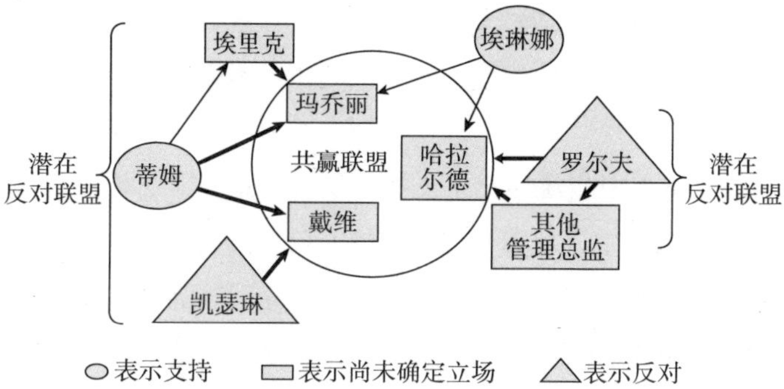

图 3-3 范利尔的影响力网络

从图 3-3 中可以看出，就埃琳娜所关心的事务而言，在范利尔总部能做决策的关键人物中至少有两位，即玛乔丽和戴维，而 EMEA 大区领导哈拉尔德会支持埃琳娜。埃琳娜需要赢得这 3 位关键人物的一致同意才能促成改革，因此他们可以联合在一起组成共赢联盟。

不过，图 3-3 中的箭头表示这些核心原则制定者也会受到自己组织内部人员的影响，较粗的箭头表示影响力更强大。玛乔丽会受营销策略部副总埃里克影响；戴维则会听从新产品发展规划部副总凯瑟琳的意见，同时接受蒂姆的意见；而哈拉尔德则接受所有下属管理总监的意见；作为长期管理北欧区域业务的负责人，罗尔夫的意见会影响到哈拉尔德和其他管理层的领导。图 3-3 同样显示埃琳娜本身也具有强大的影响力，她能够影响哈拉尔德，而玛乔丽也十分尊重埃琳娜的意见。

在图 3-3 中，还标出了支持与反对关系，凯瑟琳反对埃琳娜关于调整集中管理与分权管理核心问题的提议，蒂姆支持改革，埃里克则尚未做出决定。戴维对凯瑟琳言听计从，玛乔丽也会受埃里克一定的影响，那么凯瑟琳和埃里克就均属于企业的潜在反对势力。如果罗尔夫与其他管理总监也持反对意见，他们就构成了 EMEA 大区的反对联盟。因此，需要再次强调，埃琳娜需要得到两股势力最广泛的支持，才能使提议通过。

创造改革的动力，完善影响力策略

现在我们对组织中的影响力结构已经有了透彻的认识，明确了关键参与者和联盟的关系，并描绘了可能出现的场景，是拿出对策以影响力制胜的时候了——这是在新角色中出奇制胜和获得改革动力的关键所在。

首先，要了解关键参与者是如何看待其利益的，利益才是他们真正关心的事情。这里的关键就是要了解像罗尔夫和凯瑟琳这类潜在反对者可能会抵制哪些事情，而且要清楚原因是什么。可以避免损失哪些具体利益？他们能获得什么好处？如果这是一笔划算的交易，那么作为补偿可以吗？对支持者也要进行同样的分析。他们觉得你的提议中哪点最吸引人？你可以预先打消他们的哪些顾虑？

其次，只了解他们如何看待利益还不够，另一个关键是要了解他们的选择余地。他们觉得自己有哪些可选择的余地？对此，要多加评估才能看清形势。对埃琳娜而言，她就要评估，像凯瑟琳这样或明里或暗里反对的人，他们的意见是否能决定现状不变。评估之后，就必须重新设定可选余地，因为继续维持现状是不可能的事了。一旦人们感到调整势在必行，游戏就从公开反对变成了谁来主导变化的影响力竞争大赛。对埃琳娜来说，这意味着她必须说服几位关键决策者给予支持，告诉玛乔丽、戴维和哈拉尔德，让他们明白，接受调整已是必行之事，不能再维持现状了。表 3-2 提供了一个简单的方法来评估极具影响力的关键人物是如何看待利益的，即他们关心什么，他们有哪些选择，或者说他们认为自己还有哪些选择。

表 3-2 利益分析与可选余地

谁	利益	备选项

通过评估关键人物的利益和可选余地，就能更有针对性地准备你的提议论述了。你的理由和论据可以更有效地支撑你的提议，因此在提出改革框架时就要多花些时间和精力使其更加妥当。如果埃琳娜提出的商业计划没有足够的说服力，那么再做多少事也是徒劳的，而且她需要注意在传达信息时应使用恰当语气，适度迎合关键人物的利益需求，最重要的是要改变他们对可选余地的认识。比如，埃琳娜应该想办法使罗尔夫的态度至少从反对转为中立，如果再能争取他的支持，就更好了。埃琳娜可以就他的哪些顾虑多谈一些呢？如果能够对他的利益做出补偿，那么什么对他更具吸引力呢？可以通过支持他关心的哪些议题作为交换条件来谋求他对埃琳娜提议的支持呢？

一旦完成在此框架下对这些问题的思考，**请使用下面 3 种技巧来创造改革的动力：渐进、有序，以及斡旋与峰会外交。**这 3 个方法共同作用可以改变关键参与者对可选余地的认识。

渐进。这个方法可以引导所涉及的人将期望的大方向转化为多个小步骤，并将承诺逐渐提升为主要的目标。这么做非常有效，因为每一小步都能为进行下一步动作做好心理铺垫。以埃琳娜为例，她可以邀请大家出席会议，一开始只讨论集权和灵活度问题；之后再开展小组讨论，议题可以涉及所有问题；最后，在从容地消除所有顾虑之后，参与者才可以就解决方案所需的基本原则展开讨论。

有序。这个方法包括事先安排接触不同重要人物的次序和方式。如果你最先接触有影响力的人，就能通过他们与更多势力结为联盟。如果能争取到一位备受尊敬的关键人物来支持你，其他人就会随之给予你帮助，这样你的资源储备就会成倍增长。得到的支持越多，你的议题就越容易通过，同时，你又会得到更多的帮助。根据埃琳娜在范利尔的影响力结构的分析，她首先应该约见企业策略部副总蒂姆，确保赢得他的支持。向蒂姆提供更多的信息，这样就能通过他直接说服玛乔丽、戴维和埃里克这些总部人士。当蒂姆说服中立的部门领导转投支持票后，埃琳娜第二个要见的就是埃里克。

斡旋与峰会外交。这项策略包括召开一系列的一对一会议和小组会议，以增强改革的动力，此时的关键是要找到正确的组合。一对一会议非常有利于了解情况，比如，倾听人们的意见，通过提供新的和额外的信息来改变他们的观点，或是通过具有谈判性质的谈话达成某种共识。不过，与会者不会在谈判中轻易就做出最终妥协和承诺，除非面对面地和其他人坐在一起进行讨论。这时峰会外交的作用就显现出来了，只是有一点需要注意：如果整个过程还不够成熟，即人们还没有充分认识到应该做出哪些让步，这样的峰会就会为形成反对联盟铺平道路，具有否定权的与会者也许就会公然离席。

最终，埃琳娜也没有实现她所期望的决策进程的转变。在她将关注点从解决问题转移到人际关系管理时，严重的两极对立已经形成了。看到 EMEA 大区与总部之间的隔阂难以逾越，她明智地全身而退且转向了关注现有框架下的高效运营工作。尽管这令人失望，却不是致命的错误，而且她从中学到了很多宝贵的经验，对她在日后克服其他跨组织挑战更加有利。

挑 战 清 单

Master Your Next Move

1. 重建关系网的挑战，即如何获得最具影响力的利益相关者的支持，并与他们建立联盟。

2. 建立联盟的 3 个关键：①成为高效的外交家；②为建立联盟打好基础；③确定你的影响力目标。

3. 绘制影响力网络的 3 大步骤：①分清共赢联盟和反对联盟；②总结自己与关键参与者的关系，绘制影响力网络；③确定支持者、反对者和可争取的第三方。

4. 关键行动：梳理影响力结构，明确共赢联盟与反对联盟，绘制影响力网络，了解利益相关者的抵抗原因以及如何看待他们的利益，评估他们的选择余地，提议论述——你的计划可以惠及他们的切身利益，说服反对者。

第 4 章

如何领导新组织

Master
Your
Next Move

戴维的任务似乎已经相当清楚了：管理一家相对年轻且快速成长的风力涡轮机设计制造企业。但是在作为首席运营官加入 Energix 仅仅几个月后，戴维就开始怀疑自己能否胜任这个职位……

戴维的任务似乎已经相当清楚了：管理一家相对年轻且正处于快速成长期的风力涡轮机设计制造企业。但在作为首席运营官加入 Energix 仅仅几个月后，戴维就开始怀疑自己能否胜任这个职位。

对一位技能很强且雄心勃勃的管理者来说，这似乎是一次完美的机遇。大学毕业后，戴维以财务专业背景加入了一家《财富》制造业百强之一的多领域跨国企业。他最初供职于供应链部门，后调往研发部门工作，一路做到了企业电子事业部新产品开发部副总。

戴维学会了如何运营一家以注重管理和人才开发而闻名的企业。这家企业更倾向于采用指挥式的管理方式，但员工仍然希望能够说出自己的想法，实际上他们也确实可以这么做。企业采用最新的评测系统，将业绩不佳者冷酷无情地淘汰掉。不过作为一家领先的制造企业，在招聘新人上却相对宽松，在招聘高级职位时很少从外部选拔人才，因为企业不需要这么做。

企业一直积极地运用高层管理方法理论，包括全面质量管理理论、精益生产理论和六西格玛理论等。实际上，差不多每个人都在某种程度上接受过六西格玛理论的培训，戴维就熟谙六西格玛理论。结果，在这家企业中，员工们坚信没有测评就没有管理，他们就像秉承信仰一样相信内化过程管理。

戴维拥有扎实的专业技能和严谨的逻辑思维，这使他得以在企业中稳步晋升，当然晋升也和他进取的天性有关。戴维气宇轩昂、风度非凡，身材魁梧，足有 1.8 米高。早在高中和大学时期，他就是橄榄球队中的中后卫，这项运动磨砺了他拼搏坚毅的品质。他非常喜欢彻底地解决问题，同时支持企业对员工领导力发展的承诺，并承担随之而来的巨大工作压力，因此深得人心，员工们对他忠心耿耿。

不用说，对招聘专员来说，制造业企业对劳动者充满了吸引力，因而这类企业的员工流动量相当惊人：人事任用原则更倾向于“要么进步，要么退出”，典型特征就是高级职位十分有限，吸引了数量众多的优秀人员前来应聘。因此，像公司其他高级管理人员一样，戴维也经常接到猎头公司的电话。有时他会听听猎头们的花言巧语和溢美之词，这也无损外部就业市场衡量他的价值。直到一个 Energix 首席运营官的职位找上门时，他才真正动了心。

Energix 成立仅 6 年，由硅谷风险投资公司注资上市。由于能源价格不断飙升，Energix 在这方面的投资使得公司在风电涡轮机设计制造领域迅速而强势地成长起来。

由于表现强劲，Energix 经受住了成立初期的重重考验，从最初的两个人到 20 人、200 人，再到 2 000 人，逐步占据了行业领先地位。因此，Energix 的总经理在对戴维的面试过程中不止一次地谈到公司必须进行调整。他说："我们需要更有纪律性。一直以来，我们凭借高度的专业技术和高效的团队协作取得了成功。我们彼此了解、彼此信任，我们一路一起走过，但是现在公司需要更好的系统性，否则我们就无法更有效地吸引投资、扩大规模，一直保持领先状态。"

任命一名首席运营官的决定，对 Energix 来说也是极有意义的，因为总经理从未任命过副职。以前，他通过与首席财务官和研发部门领导者之间的紧密关系来做事，这些人全部是公司元老级的团队成员。然而，随着企业规模的扩大，总经理需要更多的时间来关注外部关系，此时还要分心去处理越来越紧张的内部关系。这一切都使他不堪重负。

戴维喜欢首席运营官这个职位，甚至可以说是非常喜欢。至少从表面上看，这个职位与他的技能几乎完美地匹配，而且他会得到与业绩挂钩的相当诱人的薪酬回报。他会全面负责企业内部运营，在更大范围内制定工作议程。他知道第一重任即确定企业核心流程并将其改进得更系统化，为企业持续增长奠定坚实的基础。

因此，戴维甘愿冒险加入 Energix，兴致勃勃地开始深入研究新工作。在正式宣布任命的前几周，他就已收集掌握了有关企业和运营的所有数据。他还对 Energix 高级管理委员会所有成员以及新产品开发部、运营部和财务部的关键人员进行了深入的实况调查访问。

结果，问题暴露出来了，Energix 竟然全凭集体感觉来开展日常运营工作，很多重要的运行制度和财务流程尚未完善，其他方面也没有得到充分控制，仅新产品开发部门，就有几十项规格细节不充分、时间表和交付期不确定的项目。不过也有好消息，Energix 新一代大型风电涡轮机会在几个月内投放市场。然而，作为一项重点项目，它的进度已经滞后近一年时间，还大大超出了预算。戴维试图通过大量事实调查来找出企业发展之道，此时他愈加相信自己会是那个将企业推上新高度的人。

可问题在戴维正式上任不久后就出现了。高层管理委员会开始令他十分苦恼，他所处的形势越来越不利。委员会决定由总经理继续主持会议，直到戴维完全就位。从戴维的角度而言，他习惯在会议中保持高度纪律性、提出明确的会议议程，以及在紧迫的时间条件下做出可操作的决策。而今，他却对新公司的圆桌会议模式和大家力图达成共识的过程感到苦恼不已。他对企业从不公开讨论重大问题和以非正规渠道做出承诺的做法感到十分忧虑。当戴维向高层管理委员会提出敏感性或挑衅性的问题时，委员会成员不是默不作声，就是拿出一大堆理由来搪塞他。他向总经理表达了担忧，而总经理却告诉他，Energix 的工作方式就是这样，改变现状总是需要多些时间，希望他能对此予以理解。

两个月过去了，戴维的耐心丧失殆尽，于是他决定只关注他被聘用来所要做的事：改进流程以支持企业成长。他把目标锁定在了新产品开发部门，因为他进行的事实调查发现，这个部门存在着大量漏洞，而且已经殃及其他多个部门。根据以往的经验和对研发部工作的了解，他召集了研发部、运营部和财务部的领导们召开会议，探讨如何改进流程。在座谈会上，戴维表示计划成立一个团队以绘制出现有流程图，并更加缜密地重新进行设计。他还对资源保障提出了相应要求，比如从研发部、运营部和财务部抽取强势人员加入新团队，以及雇用外部咨询师来支持分析工作。

他自认为在录用过程中得到了总经理的明确授权，而今却在会议中大受非议。对此，他感到非常震惊。与会者确实认真听完了他的意见，但谁也不承诺自己或自己的部门会支持戴维的计划。因为这项计划涉及企业的诸多部门，而且如果管理不善，就会酿成巨大损失。他们极力要求戴维的计划先得到高层管理委员会的同意。后来戴维了解到，会后有两名与会人员跑到总经理处充满忧虑地大吐苦水，其中一人还说戴维就是个冒失鬼，另一个也紧跟着说："新一代风电涡轮机投放市场的时候，我们得小心，不要打破某些微妙的平衡，别让某人不高兴了。"他们的话让总经理坚定地认为，把事情交给戴维实在并非明智之举。

戴维在落实想法的过程中遇到了更多阻碍，而他也明显感觉到总经理对他的冷淡。为此，他十分担忧。而在这之前，总经理还经常会与戴维接触交流。因此，戴维只得自己承担发起这些会谈的后果。他们的谈话变得更正式和公式化。谈话中，总经理不断强调新型风电涡轮机的投放意义重大，这就是间接要求大家把精力优先用于新产品投放事项上，而且总经理阻止了戴维就何时可以自行开展内部运营会议的讨论。

空降兵的入职挑战

正如戴维的案例所示，以外人的身份加入一家自主创业型企业并非易事，因为新晋管理者的角色往往定义不清，新晋管理者不仅对企业架构不甚了解，而且要面对更复杂的人际关系。这种过渡期越来越常见：企业自身可能无法自行培养高级人才，但同时又必须面对不断扩张的国际业务需求，于是越来越多的企业从外部寻求高级别管理人员，并想尽办法将其招致麾下。

因此，企业投入了大量时间和财力来选聘贤能之士，因而根本不能接受高薪聘请到的管理人员表现欠佳。更糟的是，很多受聘而来的管理者在得到相应支持之前就忍无可忍地辞职离开了。当然，也有人能够成功入主这类企业。如果管理者进入的是一个支持他实现个人抱负和组织抱负的有利环境，就会更快地发挥作用，并会为企业效力很长一段时间。

尽管入职挑战受到了更多关注，很多极具才华的管理者仍然不相信企业会有效地帮助他们顺利实现职场过渡。我在瑞士洛桑国际管理学院对高级人力资源总监进行的调查发现，54%的受访者认为企业对其入职的辅助工作不足。

入职挑战不仅存在于像戴维这样在企业间进行的调动中，还出现在企业不同部门间的调动中。实际上，我的研究表明，在同一企业不同部门间的调动，其过渡期难度相当于在企业间调动的七成。这主要是因为同一企业的不同部门存在着截然不同的亚文化，而这又是由定向招聘或部门内部工作的性质所造成的。

组织“免疫系统”，不要做这 4 种“危险”的事

要成功进入新角色，管理者需要认识到每个企业都有企业文化和复杂的人际关系网络构成的特有的“免疫系统”。和人类免疫系统保护人体远离外界侵害一样，组织“免疫系统”时刻准备好孤立并摧毁试图带入“坏主意”的外来者。

为了保护人体，免疫系统必须采取适当的反应，既不能反应不足，也不能反应过度。如果对危险信号反应不足，免疫系统就无法对病毒进行有效反应，会导致损害性细胞发展为癌细胞；但如果免疫系统对预警信号反应过度，同样会吞噬掉有益物质，导致人体患上风湿性关节炎或多发性硬化症这类自体免疫型疾病。

同样，当企业文化和人际关系网络正常运转时，就会阻止“坏主意”和“坏人”进入组织中实施破坏。如果组织“免疫系统”对预警信号反应不足，低劣的领导就会传染整个企业，造成巨大损失；但如果“免疫系统”反应太过激烈，进入组织的事物，即使是积极有益的，也会被消灭掉，特别是组织“免疫系统”会孤立和削弱具有破坏力的“间谍”，就像这个例子中的戴维，直到迫使他决定辞职离开为止。即使能为企业带来变革，而且是企业迫切需要的人才，也经受不住组织“免疫系统”如此这般的反应。在一家硅谷高科技企业中，没有任何一位外聘管理者能够成功度过过渡期；另一家顶尖金融公司，情况是“从外边招进一个人，子弹就会射向这个人，关键是看他能不能躲得过去”。这简直就是个“黑色幽默”。

过渡期中的管理者在新角色中要避免触发组织“免疫系统”的应激反应，而关键就是不要做下面这些会给自己贴上“危险”标签的事。

1. 自信能够解决问题

戴维在来到 Energix 的时候，认为自己对解决所有问题已是成竹在胸，确信薄弱的工作流程就是问题的核心，而且他有能力和知识对此进行改善。他很容易就得出了这个结论，因为他的强项之一就是改善流程，所以自然而然地就会从这个角度解读总经理对企业的描述，认为自己的任务就是要规范管理各项工作流程。他还以同样的角度审视了能够收集到的全部企业数据。因此，他期望所有人都认同这就是问题所在，并同意由他来负责解决问题。即使他确实是对的，也已经不重要了，因为他按习惯采取了激进的管理方式进行流程调整。这已经不可避免地冒犯了一些极有影响力的人物，Energix 的“免疫系统”随即对他发起了致命的应激反应。

2. 急于为自己招兵买马

管理者很可能会条件反射地想从原单位调来以前的同事。这确实应该三思而后行，以避免触发组织“免疫系统”的应激反应。虽然戴维确实试图聘用之前合作过的咨询师，但好在他并没真的这么做。如果组织正处于调整状态或需要保持领先，那么“招入一批自己的人马”是个非常危险的举动。如果你面对的是一家亟待扭亏为盈的企业，这时招入你认识和信任的人才会起作用；但如果在没有危机的情况下招入自己熟识的人，则会被解读成你对企业现有人才水平感到不满。如果你需要换掉团队中的一些人，那么最好从他们的下一级开始进行人事变动，还有就是可以进行外部招聘。无论怎样，从原单位调来前同事都是万万不可的。一旦你在新组织中建立了个人信誉和威望，那时再调入前同事就没什么阻碍了，但要注意重要职位的人事变动不要过快过频。

3. “这个公司的人都很差劲”

管理者入职初期会对企业各项数据进行了解，其反应很容易会让别人感到他认为这里的员工能力都不够好。这其实是一种综合征表现，但可以得到有效控制。人们会倾向于关注企业存在的问题，找出问题，把解决问题作为优先事项，并同时提出整改方案。然而，作为管理者，不能只看到企业的问题，还要看到企业的优势和取得过的成就。仅仅看到企业积极的一面还不行，还要向企业中的所有人证明：作为领导，你确实珍视他们的贡献与成就。千万不能让人们感觉你认为“这里没有一个好员工”，否则组织的“免疫系统”必然会介入你的工作，对你发起攻击。

4. 没有认真学习并努力适应新环境

表现得与企业文化格格不入，特别是没表现出学习和适应的决心，一定会触发组织“免疫系统”的应激反应。开始时，你还可以做些与企业文化不协调的事情，毕竟你是新来的，通常情况下，企业都会原谅你的做法。政治专栏作家乔治·威尔（George Will）曾将不爱学习的人比喻成“学习曲线平得像堪萨斯平原一样”。如果人们认为你根本就没有学习和适应新环境的意愿，那你就十分危险了。还以戴维为例，他知道 Energix 做决策的方法与上一家公司不一样，但是他没有试着了解并适应新的企业文化。为此，他不仅感到烦恼至极，甚至与企业文化发生了激烈的正面冲突。**在任职之初，管理者需要关注 3 个关键问题：适应企业文化、缔结关系联盟和调整人们对你的期望。**

采用 3R 模式适应企业文化

对过渡期中的管理者来说，最令人生畏的挑战也许就是要适应新公司或新部门完全陌生的工作文化。**新晋管理者要解决的第一个问题也是最重要的一个问题，即要从宏观角度了解文化是什么，特别是文化在你即将加入的组织中是如何体现的。**你可以借鉴人类学家研究文化的方法来适应新环境。

那么，文化是什么呢？文化是人们在交流、思考和行动时所遵从的一系列基于共有假设和价值观且具有一致性的模式。埃德加·沙因在第 2 版《组织文化与领导力》（*Organizational Culture and Leadership*）中提出，在任何一家企业中，文化都会有几层意义，本书将企业文化的意义分为 3 层（见图 4-1）。

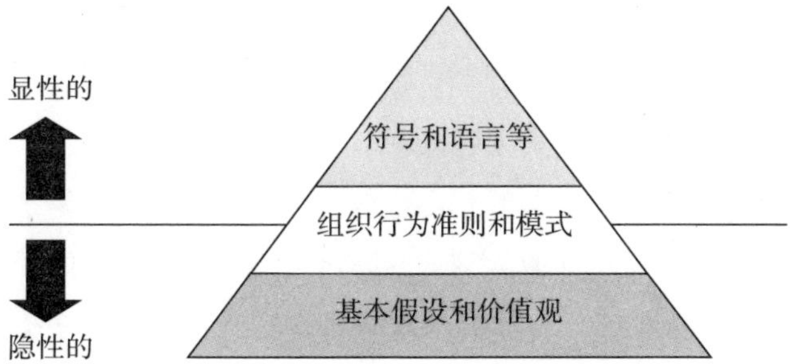

图 4-1 文化意义“金字塔”

“金字塔”顶端是文化的显性元素——符号、共同语言和其他外人可见的事物。明显的文化符号可以是人们的着装、办公室布局或某一工作单位内部的津贴分配方式。同样，每个组织都有一种共同语言，如大量描述企业部门、产品、流程、项目和其他要素的缩略语。在这个层次，人们能够相对容易地融入其中。如果你的员工和下属习惯收取一定数额的津贴，那么作为新领导，你也应该继续发放，保留这部分员工福利。另外，多花些精力尽快完全掌握他们的语言十分重要，除非你有意传达要对企业文化进行调整的信息。

在符号和语言层次之下，是更深层次且较为隐性的组织行为准则和模式。这些文化元素包括，人们如何支持重要措施、如何凭借成就获得认同以及如何看待会议——会议是探讨问题的论坛，还是仅仅获得批准、走个形式的“盖章大会”（参见“确定文化准则”专栏）？要立刻洞悉企业的所有这些整体性准则和模式很难，需要在新环境中工作一段时间后，才能慢慢参透其中的玄机。戴维对此应该已经有所认识了。他之前学到的是如何在一个所有人都依照固定流程做事的环境中开展工作，而 Energix 的文化却更以关系为中心，这也许与它还是一家相对年轻、事业刚刚起步的企业有关，采取这样的工作方式或许有它的道理。对戴维来说，改进流程真的很重要，他认为从入职第一天起就该强调凭关系做事是机能不良的表现，他甚至毫不掩饰地挑战了这个重要的企业文化元素。这么做实在是太危险了！

Master Your Next Move

确定文化准则

在以下几方面，企业之间的文化准则会截然不同。过渡期中的领导者可以借此厘清即将加入的企业是如何行事的。

- 影响力。人们是如何获得他人对重要事项的支持的？是得到高层团队利益相关者的支持重要，还是获得同事及下属对提议的认可更重要？

- 会议。对于重大问题，是在会上展开激烈的讨论，还是已经在私下里达成某种协议，开会只是公开批准的过场而已？
- 执行。哪些是影响事情落实的关键因素：戴维在要求严格遵守程序事项上，是获得人们对此的理解重要，还是要和什么重要人士攀上关系更重要？
- 矛盾。人们是开诚布公地讨论问题而不用担心遭到报复，还是为了避免发生矛盾而将问题降级甚至任其发展？
- 奖励。企业会打造一些“明星”员工，是奖励那些为企业做些事情就张牙舞爪到处宣扬的人，还是激励普通员工，尤其是那些踏实肯干、乐于协作、具有威信的员工？
- 成果和途径。企业会限制获得成果的途径吗？企业是否具有被广泛接受的明确价值观，奖励机制会对此做出积极响应吗？

隐性企业文化是指企业里每个人对“世界”的运行方式进行的基本假设，共有价值观能够影响和巩固“金字塔”中的其

他所有元素。企业中，人们对按职位进行权力分配的普遍看法就是一个很好的例子。特定职位上的管理者是从第一天起就被赋予更多的决策权，还是凭资历获得更多权威？组织是由集体共识运行的，还是个人的说服力才是成事的关键？这些文化要素在很大程度上都是隐性的，通常只有管理者在企业环境中磨合一段时间，它们才能逐渐变得清晰。

从宏观上对企业文化层次有所了解后，就不难看出即将加入的企业拥有怎样的文化，以及它与以往体验过的企业文化有何不同。最好能尽早对企业文化进行分析：利用上述问题，在面试过程中就企业文化的相关事宜进行咨询，但注意不要对听到的每件事都信以为真。招聘与应聘双方就像是在谈恋爱，要理解招聘方不会展示企业的所有方面。如果可以，试着约见一些在这家企业工作过而现已离开的人，与他们聊聊天，毕竟这些人对企业的印象无论好坏都可以为你所用并加以借鉴。

一旦进入企业，就要尽快学习新知识并尽快适应新环境。在这个过程中，不可避免地会触碰到一些“边界冲突”，你的行为方式与企业的主流行为方式或许会存在矛盾之处。虽然你无法立即适应，而大多数企业也不会逼迫你非要做到这一点，但企业会希望你能认识到自己的偏差，然后以正确的方式加以改正，并相应地重新调整行为。

采用辨识—改正—重新调整（Recognize-Recover-Recalibrate，3R）模式，快速突破各个环节。这么做非常重要。在新组织或单位中找出“文化解读者”，他们是非常好的资源，可以帮助你快速了解企业文化。通常在企业中资历最老的人身上，最能够体现出企业文化，以他们为例加以学习和借鉴，管理者可以在过渡期中获得有效的指导。面对跨国工作调动挑战时也可以采用同样的方法，这个问题将在第 5 章中进行具体讨论。要从个人身上找出企业文化的所有特征并不容易，但个人绝对值得仔细研究：在判断自己的行为是否超出企业文化允许的限度，以及修正和调整对自己、对企业的期望值时，文化解读者的帮助和建议会非常有价值。

了解企业文化之后，要考虑在多大程度上选择适应，或在多大程度上进行行为调整。适应与调整的比重会根据企业所处的周期不同而有所差异。第 6 章到第 8 章会详细讨论处于过渡期中的管理者如何确定所处环境的 STARS 状态。如果你加入的是一家需要大打翻身仗的企业，那么翻天覆地的变革就该提上议程，其中就包括要使企业文化从根本上重新发挥作用。在这种企业中，“免疫系统”基本已经丧失了功能，因此新想法会大受欢迎。相反，如果是一家处于调整状态的企业，情况则会较艰难，调整会牵动更多的附加条件，而且文化失调现象本身就是一个巨大的难题。在这种条件下，改变无疑会遭到更多的抵制。

缔结联盟，确定关键利益相关者

戴维受到的教训看似很残酷，即管理者在入职时几乎不可能推动任何组织变革，除非加入企业的权力体系，成为具有同样影响力的人，并与体系成员缔结重要的关系联盟。**过渡期中的管理者需要解决的第二个问题是缔结关系联盟，即确定关键利益相关者是哪些人，并努力与他们建立富有成效的工作关系。**在此需要避免两个陷阱：一是只重视上下级关系；二是单纯地认为头衔越高，权威就越大。

不要只是“上下”看。刚入职的管理者总是很自然地过于重视垂直关系的建立：向上是领导们，向下是团队。其实这么做很危险，忽视了对横向关系的建立。新任领导应该与同事、客户及其他可以提供支持和资源的人士建立起良好的合作关系，加强联系。回到戴维的处境中，他花了太多的时间和精力用来收集分析数据，而忽视了他的新同事和在业务上与他有联系的人，因此没有在横向利益相关者中树立好个人信誉，没能取得他们的信任。在较早前与高级管理委员会的会谈中，他要是对核心人员进行更多的了解，关心他们在意的事情，以及了解 Energix 的行为方式，也就不会遭到那么强烈的抵制了。

不要误认为头衔越高，权威也越高。在确定企业中谁握有权力时，你会很容易将目光投向权力最大的利益相关者，即你的新上司、一部分新同事和新下属。然而，有影响力的人其实并不局限于此：每家企业都有一个与正式组织等效的非正式团体，或称为“影子”组织。组织中总有一些德高望重的管理者，他们的影响力远远大于头衔所正式赋予的权威。

时刻谨防上述这两个陷阱，在过渡期中要谨慎行事才能积累更多珍贵的关系资本，应该锁定目标人士，评估他们的工作部署和关系圈，通过发现共同利益与他们建立联盟。在确定具有影响力的关键人士时，最好多角度辐射来进行选择，覆盖面要大而全，谨慎地拟定一个名单，要涵盖各部门、本企业、更大规模组织、咨询方等，以及其中的各个派系的重要人物（参见“关键利益相关者清单”专栏）。你的新上司和人力资源代表可以帮你缩小名单范围，只保留最精要的部分。

Master Your Next Move

关键利益相关者清单

在一个新业务部门或企业中处于过渡期时，哪些内部和外部人士能够帮你推进议程？下面列出了几类可供考虑的候选人。

在你的组织中

- 上司。他们的核心期望有哪些，你能为此做些什么？如果你同时有几位上司，那么他们有哪些共同利益，又有哪些矛盾？
- 同事。哪些同事需要得到你的支持才能达到他们的目标，而哪些不需要？哪些同事会对你实现目标的能力产生影响，而哪些不会？你会将哪些同事作为职场政治资本，让他们支持你的提议？
- 下属。你的哪些新下属在过去可以影响决策，为什么？谁会支持你的提议，谁会反对，还有谁会不置可否、漠不关心？他们中间存在哪些小集体？
- 其他员工。在组织中，哪些员工极具非正式性的影响力，为什么？哪些“影子”影响者会支持你的提议，哪些会反对，还有哪些会漠不关心？

在更大范围的组织中

- 企业。如果你运营的部门隶属于一个更大规模的企业结构，那么企业会在批拨资金、配给人才和其他资源，以及确定法律和监管范畴等方面对你的提议构成影响。
- 内部客户。你的部门业绩在很大程度上会受到哪些内部客户的影响？他们最关心什么？你能帮他们解决哪些重要问题？
- 内部供应商。哪些内部供应商会在很大程度上影响你负责的部门业绩？他们最关心什么？你能帮他们解决哪些重要问题？

企业以外

- 客户。哪些外部客户会极大地影响你所在组织的业绩？他们最关心什么？你能帮他们解决哪些重要问题？
- 供应商。哪些外部供应商会极大地影响你所在组织的业绩？他们最关心什么？你能帮他们解决哪些重要问题？
- 规则制定者。政府或非营利部门中的哪些人可以为你的组织大幅度地修改“游戏规则”？他们最关注什么？你能帮他们解决哪些重要问题？
- 咨询公司和媒体。哪些分析人士与媒体人的观察和报道在利益相关者和公众面前极具影响力？那些机构集团最关心什么？怎样才能与他们建立关系？

确定了需要加强关系的人员名单后，还需要了解他们的哪些事情呢？你需要与这些利益相关者完成哪些议程？你的利益如何才能与他们的利益形成一致，或是你们之间的利益存在哪些冲突？他们的举措用意何在？有些决策一旦做出，就没有反悔的余地，这时，关键决策点在哪里，有何重大意义？又是哪些事件促成了这个决策？

作为一名过渡期中的领导，你在加入公司时的关系账户为零，而第 3 章中讨论过的重建关系网可以帮你迅速增加储备关系。如果有可能，可以在有利于个人及公司的方面，帮助他人推进议程。

展开 5 项对话，避开期望陷阱

戴维自认为很清楚 Energix 总经理对他的要求——为事业腾飞中的公司调整架构，使公司在运营上减少人情因素而变得更加程序化，事实却是这位首席运营官对组织变革的解读与企业高层的目标和期望并不吻合。

这就引出了管理者在入职时需要解决的第三个问题：调整人们对你的期望，即正确理解企业对你的期望，同时能够接受企业为你制定的目标。否则，就会像戴维一样，落入下面几种过渡期陷阱。

陷阱 1：没有反复核对期望。在招聘过程中，总经理对戴维谈到的期望并不需要得到其他人的同意。为什么会这样？因为招聘就像谈恋爱，招聘者与应聘者谁也无法全面了解对方。领导和企业都表现出最好的形象，并不是刻意而为，而只是着重强调了自身积极的一面。因此，企业方会一直夸大对前来应聘者的期望，而前来应聘的管理者也会感到自己是被委以重任、大权在握的。最后结果就是像戴维这样进入企业，对使命充满自信，坚定不移地采取了行动，但这一切使他遭到了集体的反对，这其实都是可以预见的。

陷阱 2：缺失隐性期望。一些人天生就比别人更擅长交流。他们既能与领导们交流，也能和配偶、客户、商业伙伴或其他人很好地沟通。Energix 的总经理在表达思想上看似就不够清楚，他给戴维的指令漏掉了一些要素，比如指明推出新一代风电涡轮机才是第一要务。管理者在入职时需要弄清上司对部门和企业所有的抱负和目标。“三角测量法”是十分有效的技巧：以不同的方式向上司询问相同的问题，然后看答案是否与自己的一致。测试对期望理解得是否全面也是一个不错的手段：在上司谈论对你的期望时进行总结，进行重复加以确认。可以在谈话快结束时进行口头上的重复，也可以写在跟进邮件中发给领导。总之，目的都是确定对上司的期望的理解准确无误。

陷阱 3：对即将来临的业务挑战的看法没有达成一致。如果你认为需要对企业的某些方面进行彻底的改革，而你的上司却认为企业适宜逐步改善甚至无须改变，那么这无论如何都意味着你遇到麻烦了。当你和上司对部门或企业重要挑战的理解存在严重分歧时，对你来说，退一步研究一下影响业务的几个方面就变得非常重要，在各方意见形成一致前，不要制定任何具体的目标。

陷阱 4：只谈论期望值而没有同时确定相应资源。管理者在入职时经常会将期望与资源分开商谈，没有把它们作为一个整体来进行讨论，那么之后陷入困境也就不足为奇了。这种情况通常发生在以下情形：管理者入职时还没有真正了解需要哪些资源才能达成目标，就被迫许下了承诺。如果你正处于这种困境，那么要当机立断地推迟做决策，直到对形势有了更深入的了解再说。虽然不能总这样做，但可以早在应聘过程中就尝试表明你需要一些时间来看清形势、进行评估、制订计划，以及调整期望与时间表。

为了避开上述陷阱，过渡期中的管理者需要与新上司探讨 5 个方面的问题，大致顺序是领导风格、商业形势、（有哪些成功）期望、资源配置，以及修正进程（参见“5 项对话”专栏）。

Master Your Next Move

5 项对话

下面列出了管理者在入职时应当与新上司讨论的 5 个方面的问题。凭借给出的指导问题，双方可以就新领导入职后需要应对的组织变革挑战达成一致。

就领导风格进行对话

- 我们如何才能一起把工作做到最好？
- 你喜欢我怎样与你沟通？
- 对于我管理的组织或单位及其各项事务，你希望了解多少细节？
- 你喜欢怎样做决策？

就商业形势进行对话

- 你认为我的组织从整体上讲处于 STARS 模型的哪个阶段？企业的各个部门又分别处于什么状态？

- 你评估的根据是什么？
- 你有多少把握将分析做得客观、准确？

就期望进行对话

- 你期望我在多长时间内达成哪些目标？
- 在你看来，哪些可以被算成“前期阶段性成功”？
- 我需要避免造成哪些后果？

就资源进行对话

- 我能够获得哪些财务支持和其他帮助？
- 我可以在多大程度上对我的团队进行调整？
- 企业会支持我做多大程度的调整？

就修正进程进行对话（在 90 天内就要开展这个对话）

- 目前事情进展如何？
- 我在哪些方面做得不错？
- 你有哪些忧虑？

建立入职体系，加速整个进程

管理者在入职时要尽快熟识企业文化、建立职场人际关系联盟，并与上司协商形成恰当的期望值，企业可以为管理者的入职提供更多的帮助来加速整个进程。

加快适应企业文化。人力资源和人才管理专家能够提供很多资源和项目来帮助管理者，其中一些事情实施起来非常容易，如实时更新企业中常用的重要术语和缩略语；另一些事情虽然实施起来有些难度，但效果会非常显著，比如尽早向管理者展示企业的准则和价值观。

就后者而言，管理者和高层团队应该开诚布公地对待企业文化。团队愿意为管理者进行细致的描述，并能与其展开深入的讨论。当然，一些企业不喜欢公开企业文化，担心这样会让招聘来的人才感到无法应对而吓跑他们。最好的办法就是把话说在前面，以免管理者自认为已经被告知了企业文化，结果上任后却发现情况远没那么简单，继而觉得自己受到了误导。

如果你的心态很开放，那么企业有很多方法来表现文化特征，并为你描述和解读。例如，与我合作过的一家从事多样化医疗用品生产的著名企业，就会通过调研写一本书，讲述企业史和企业文化。事实证明，这项工作为过渡期中的管理者提供了非常宝贵的资源。在另一家合作企业中，我对“成功的入职幸存者”进行了访谈，并把他们的经历编辑成册。这些管理者成功度过了过渡期，留在了新企业，他们的经验能够对新任管理者产生重要的影响。企业还能为过渡阶段的管理者指派一位“文化解读者”，这样就有人随时回答管理者的疑问并为他们透视企业的文化了。

加速建立关系联盟。在高效的入职过程中，企业会在管理者正式入职前确定一份全面的利益相关者名单，并把名单上的这些人召集起来开一个会，一般会指派一名人力资源师作为媒介，将新任管理者与他的上级、同事和下属一同纳入名单中。这位受指派的人力资源师还可以帮助处于过渡期的管理者建立和利益相关者的联系，召集与利益相关者的前期会议。还有新领导同化会议和其他结构性评估工具与项目，这些都会有益于管理者加速建立关系联盟。

如果没有专项资源来支持上述过程，比如小公司人员有限，无法向入职人员提供专人陪同，那么人事部门可以向他们提供需要尽早接触的 10 人名单，也可以向这份名单上的人发邮件来介绍管理者。企业还能为过渡期中的管理者提供一些方法，如第 3 章中提到的影响力网络就能帮助他们辨认出非正式的组织影响力网络，确定核心联盟、制订计划也可以使他们获得帮助和推动力。

加速期望匹配。企业应该重视就期望值进行的结构性讨论，这些对话应该成为入职项目的标准组成部分，明确的程序能够帮助管理者与上司一起协商期望值以及相应的资源问题。一些企业在制订商业计划时也采用同样的系统，但这些系统还需要同时与上级、下级以及同级的多方人士展开额外对话，才能协调一致。

除了帮助过渡期的管理者在适应企业文化、建立联盟和协商预期成果 3 项核心事务上取得成功，企业还必须实时提供过渡期支持。在入职前期，过多的信息会压垮过渡期中的管理者，但如果为了缓冲管理者的压力而暂缓告知重要数据，就又会对企业造成巨大损失，到时管理者或许还会质问："为什么非等我已经错了，你们才告诉我这些？"管理者在入职的最初几天或几个月里，消息灵通人士需要在旁时刻待命，为管理者提供实时更新的讯息，协助他们做出正确的决策。

最后，在招聘流程和入职流程上必须保持合乎逻辑的关系。也就是说，最优秀的入职支持体系也无法弥补失败的人员招聘——有太多的企业争相招入"明星"而非"角色扮演者"，根本没有考虑过那些人是否与岗位匹配或者符合组织需要。一名管理者或许具有“适当”的知识和经验，可是他的管理作风和价值观却与企业文化相冲突。这就是戴维在 Energix 尴尬处境的根源所在。

企业要想合并招聘和入职流程，就必须超越工作说明、面试、聘用的标准线性流程（见图 4-2）。企业需要进行风险评估，就具体商业环境进行权衡后再决定是由内部提拔还是从外部招聘。例如，如果一家亟待整顿转向的企业和一家需要改革重组的企业都进行外部招聘，那么前者的风险要比后者小得多。为什么？因为前者企业中的人们因为绝望而更愿意听取外来者的意见，也更愿意向他们袒露心声。

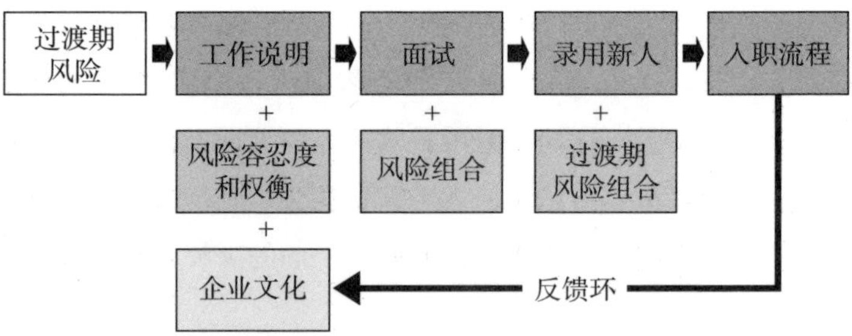

图 4-2　合并招聘与入职流程

聘用管理者时还要考虑他们对风险的承受度，权衡他们的能力是否适应岗位需求。在进行面试时，可以为管理者在入职时建立过渡期风险组合，以确定需要在哪些方面向他们提供支持，从而降低激发组织“免疫系统”致命反击的风险。最后，在入职过程中，管理者要注意了解企业文化。以上这些都可以反馈到管理者在未来开展的招聘工作中去。

挑 战 清 单

Master Your Next Move

1. 领导新组织的挑战，即如何在新角色上有效发挥作用。

2. 在新角色上有效发挥作用的 3 大策略：①适应企业文化；②缔结关系联盟；③调整人们对你的期望。

3. 快速适应企业文化的 3R 模式：辨识—改正—重新调整。

4. 缔结关系联盟的“关键利益相关者清单”：组织中，上司、同事、下属和其他员工；在更大范围的组织中，企业、内部客户和内部供应商；企业外，客户、供应商、规则制定者，以及咨询公司和媒体。

5. 调整期望的 5 项对话：①就领导风格进行对话；②就商业形势进行对话；③就期望进行对话；④就资源进行对话；⑤就修正进程进行对话。

6. 关键行动：找出“文化解读者”，确定关键利益相关者，正确理解企业对你的期望，同时接受企业为你制定的目标。

第 5 章

如何适应跨国职位调动

Master
Your
Next Move

奥斯卡知道，他在中国的工作最终会结束。在过去的 10 年里，他一直在位于美国的 Genera 制药公司总部工作。他晋升得很快：从一个制造业入门级职位做起，最后做到了公司在美国最大工厂的总经理职位。他的下一个职业发展目标就是获得海外管理经验。Genera 一向以在中国的多种经营为傲，奥斯卡热切期望着能够接受挑战，在完全不同的文化背景下管理新员工。然而，这位雄心勃勃的管理者却大大低估了跨国工作对自己和家人造成的巨大压力……

奥斯卡知道，他在中国的工作最终会结束。在过去的 10 年里，他一直在位于美国的 Genera 制药公司总部工作。他晋升得很快：从一个制造业的入门级职位做起，一直做到了公司在美国最大工厂的总经理职位。他的下一个职业发展目标就是获得海外管理经验。Genera 一向以在中国的多种经营为傲，奥斯卡热切期望着能够接受挑战，在完全不同的文化背景下管理新员工。然而，这位雄心勃勃的管理者却大大低估了跨国工作对自己和家人造成的巨大压力。

奥斯卡想找一份纽约以外的工作已经有一段时间了。妻子珍妮弗原来是纽约一家一流律师事务所的合伙人，后来辞职在家成为全职太太，全力照顾尚在襁褓的和蹒跚学步的两个年幼的孩子，以便让奥斯卡可以更加精力充沛地专注工作。

不到半年，奥斯卡就得到了这个令他无比兴奋的职位，他被任命为 Genera 位于北京周边工业区的生产工厂总经理。尽管珍妮弗对要在如此不同的文化背景中生活有些顾虑，而奥斯卡却认为：对整个家庭来说，体验全新的文化实在是太棒了！最重要的是，绝不能错过这次千载难逢的机遇。位于北京的这家工厂一直保持快速发展，但是近几个月连续出现严重的质量问题和超支问题。因此，虽然上一任中国籍管理者很受尊重，但最后还是引咎辞职了，奥斯卡的新上司是个亚洲通，总管亚太地区的生产工作。他在面试中和聘用后的谈话里，就明确要求奥斯卡要竭尽全力尽快解决工厂问题。

奥斯卡比家人提前 8 周抵达北京，住在离工厂不远的公寓里。没有家人在，他有了更多的时间深入研究生产工厂的问题出在哪儿。他整理了能够得到的全部数据，花了大量时间深入车间学习具体操作，还非常详细地询问了现有管理团队对工厂问题及其原因的看法。完成这些工作之后，他十分自信，他知道该如何解决工厂存在的问题，并确信自己对工厂进行的变革很快就能见到成效。

工作之余，奥斯卡还在为家人寻找一处合适的居所。之前他和珍妮弗就约定好，既然要到全新的文化背景中生活，就要完全沉浸其中，因此他们谢绝了 Genera 为在海外工作的人员所提供的搬家服务，他们没有住在公司安排的侨民居住区，而是选择与中方高管们住在一起，成为邻居。奥斯卡在中国安排好生活，同时珍妮弗在纽约处理举家迁移的事宜：卖房子、收拾物品并打包发往中国。

几周过去了，奥斯卡在工作上要面对的挑战越来越多。他的新团队中有些人的英语不大好。他们习惯了要领导告诉他们去做什么，所以奥斯卡很难让他们自己讨论需要做什么。这种需要领导全程参与、事事都要向领导请示、得到许可后才会进行下一步的工作方式，与奥斯卡的管理风格大相径庭。但是，他还发现指令式的领导风格正符合团队的一贯工作方式，并且有其管理上的优点，若想重整企业，最好的方式是下达明确的指令，要求团队进行积极变革。

因此，奥斯卡决定采取主动。通过深入分析工厂的问题所在，他起草了一份重组计划，包括关闭一条生产线、优化两个支持小组以及裁员 5%。他个人将工厂业绩平平的原因部分归结为团队中一些成员的不佳表现，这些人无疑会被替换掉。他向高管团队提交了重组方案的核心内容，期望着会得到支持。结果，奥斯卡发现会议气氛相当尴尬，整个团队的成员在会上就是静静地听着，没有人发表意见或做点什么。之后，从人力资源部门反馈回来的意见是："值得学习，但非常美式。"几天之后，他出乎意料地接到新上司打来的电话，上司询问他一切是否都已经步入正轨。这着实让他大吃一惊。

差不多与此同时，珍妮弗和孩子们也到北京了。接下来，奥斯卡努力地平衡工作与家庭生活。工厂改革的缓慢进度令他烦恼不堪，除了工作压力，他还要与家人一起克服困难，融入新文化。仅仅是语言障碍就把珍妮弗和孩子们孤立在家里，她还要努力收拾房子，购买生活必需品。

孤独和对纽约亲友们的思念，使珍妮弗越来越难过。在珍妮弗和孩子们来到中国 6 周后，奥斯卡回家时发现，曾经身为职业律师的坚强的妻子彻底崩溃了。她满眼泪水地说："6 个月前我还在告诉高管们该怎么做事，现在我要做的最大的决定，却是到底要做多少曲奇！"

跨国工作的难点

随着越来越多的企业开始寻求全球发展，会有越来越多的管理人员离开故土，离开亲切的家乡并放弃熟悉的文化习惯，到世界上其他地方寻求提升事业的机遇。很多企业面临着国内市场饱和的困境，就算要承担很大的风险，它们也会期望通过国际扩张来带动盈利增长。如果在具有全球战略意义的重点国家建立强大的管理基地，就要有一位能够统领全局的全球核心管理者。除了尽快过渡到新角色并制造改革动力这些常见的事情，处于跨国工作调动中的管理者会遇到很多额外的压力：在新文化甚至异域语言环境中安顿好家人，以及在不同的文化背景下与同事和下属进行有效的沟通。

或许跨国工作调动最艰难的部分就是协调好各方的期望：上司、下属、家人，还有你自己。在你去国外上任之初，会不可避免地出现一种被称为“英雄之旅”的动态心理：开始时，满是对挑战和改变的兴奋与不安，还伴随着一些告别老友和家乡的伤感；几个月后，则会因为新环境中的生活和工作的残酷现实而感到极其消沉。这时一定要认识到，任何一位到国外工作的管理者都会经历这样的“黑夜”，而任何一位挺过来的管理者都会变得更加坚强：他们建立了新关系，形成了新的工作和生活习惯，还锻炼了新能力。

顺利适应跨国职位调动的 6 大行动

奥斯卡的故事说明，缺乏海外工作经验的管理者会陷入一些普遍性的困难，这些困难会严重影响到家人、工作表现和经营活动，甚至会导致事业失败。然而，通过对奥斯卡这种跨国职位调动的研究，我发现了顺利度过过渡期的 6 项基本原则：

- 先安顿好家人；
- 充分利用你的出场；
- 遵纪守法；
- 通过建立业务来打造团队；
- 快速决断战略要务；
- 明白出国工作不是旅游。

先安顿好家人

如果家人在适应新环境时很痛苦，那么你将会无法全身心地投入新工作，所以一有到国外工作的机会，就要与配偶认真讨论这件事。这样做很重要。你们需要考虑变化将涉及的所有事：两国文化会有多大不同？离“家”有多远？那里的生活条件怎么样？有没有适合孩子的学校？特别是，如果这是你第一次到国外工作，就需要将变化的整体强度控制到最小。比如，奥斯卡和珍妮弗把家搬到中国，很多方面都发生了巨大的改变，正是多方面的准备不足造成了珍妮弗对新生活的不适和崩溃。

如果认真考虑工作机会和以上几方面后，仍然决定到国外工作，那么有几个方法可以将对家人的影响减少到最小，从而增加在新职位上成功的机会。如果你有孩子，就尽量配合孩子的学习阶段来选择工作机会或搬家时间。你还需要在与配偶分离的这段时间里安排好其他事情：获得亲友的支持，或是使用有偿服务。在这期间，每个人的压力都很大，特别是留守的一方，在你兴奋不已地奔赴新任务时，你的配偶还要竭力支撑起整个家庭，做到这一点非常不易。记住：当“英雄”开始冒险之旅时，配偶却要留守家中，这一点儿都不轻松。

之后，你要尽快重建家庭支持网络。如果可能，要在动身之前就确定好到达目的地后的支持资源，包括配偶支持网络和对外籍人士的咨询服务，甚至从决定到国外工作的第一天起，就尝试通过电子邮件建立一些关系，这样你的家人在新的国家就会有相识的人。如果有孩子，试着认识一些有孩子的侨民，如果他们的孩子与你的孩子年纪相仿，又会在同一所学校读书，那就更好了。与此同时，你肯定想与亲友们保持联络，可以定期发布一些最新状态，邀请他们来新家做客，你甚至可以建立一个网页用以发布和更新一家人在新家的“探险”经历。

奥斯卡和珍妮弗没有与其他侨民一起住在企业为解决他们的问题而安排的居住区，因此适应新生活的难度加大了。“与当地人住在一起”的勇气值得称赞，但在没有国外居住经验和文化差异巨大的情况下，我绝不提倡这么做。平稳过渡的关键就是，尽可能地保留你熟悉的事物。所以不要把所有东西都放进储藏室，可以在新房子或公寓里重现原来房间的布置，比如可以在卧室或厨房里摆上熟悉的照片、家具和其他个人物品，这样有助于给家人带来安全感。

最后，要认识到整个家庭会经历很多艰难困阻，要适应新生活，可能需要花上一年时间，或许更久。不过，当每件事和每个人都对跨国工作质疑时，想回家就回吧！毕竟一张机票比提前结束工作要划算得多。

充分利用你的出场

每个演员走上舞台时，都有属于自己的信号，甚至在开口之前，观众就已经能预料到他会说什么、做什么。这和到国外工作的管理者走进办公室第一天、第一周、第一个月的情况是一个意思。新环境中的员工很容易就会将新任领导想象成总部派来解决问题的英雄。如果你的任务恰好和奥斯卡一样是来挽救企业的，那人们就更容易产生这种印象了。

作为被派往国外工作的管理者，你的登场方式包含很多含义：

- 你出场时的态度是鼓励人们与你分享信息，还是使得他们任何事情都不告诉你？
- 你的表现有助于建立个人信誉，还是有损你的形象？

你最初的表现会为人们如何理解你随后的举动奠定基调，可能是积极正面的，也可能是消极负面的。

对新晋管理者而言，自然倾向于先关注问题，即纠正错误。然而，当到国外工作并担任领导职位时，这么做会向人们传达出你认为“这里没有一个好员工”的信息。这非常危险，会让本已心存戒备的人们加深对你的负面印象。尽管在任何过渡期中都存在这种心理，但因为新晋管理者第一次担任跨国任务，心中早就已经焦虑不堪，同时还想借此证明自己能够为企业增加价值，所以负面印象会被无限加深。虽然企业处于很糟的状态，但也要找出一些原有的优势作为发展的基础，以振作团队士气，让他们重拾自信以真正解决实际问题。

为了谨防掉入陷阱，尽管你已经相当确定核心问题出在哪儿，开场时也要以问问题的方式代替陈述，要让组织成员来验证（或反驳）你的理论。别急着召集自己的一班人马，要立即到各个部门的一线去，与销售及相关人员谈话，认真听取他们的意见。如果从第一天起，你就这样做，消息很快就会传遍整个公司。人们想要信任领导，愿意近距离看到领导，这样的相处模式效果会大不一样。光说是拿不出解决方案的，到基层中去实地考察才可以。

由于文化差异和企业发展历程会使员工形成惯性认知模式，所以在设计如何登场时，或许还要判断一下人们对你可能形成哪些刻板印象，而这些刻板印象源自你国家的历史文化和你所在企业一直以来给人的印象。人们会认为从总部派来的领导根本不了解实际情况，而只会态度傲慢地下达命令。你需要打破他们的这种观念。有很多方法可以有力地消除这些观念，比如使用当地的语言，或在会议和备忘录中表明你确实在了解企业的文化和优势上花了时间。小小的举动就能获得显著的效果，人们会相信你是来和他们一起工作，而不是仅仅来突出并迅速纠正他们的错误的。在此过程中，你不仅可以改变人们对你及你的领导风格的认知，而且能转变他们对企业总部的印象。

最后，花些时间做一份书面的入职计划书（要获取指导意见，请参见“准备走进新国家”专栏）。与新下属、区域人力资源师，还有你的上级，就这份计划书进行沟通，这样他们就能了解你要对公司进行哪些改革。这样做能促使你获得核心力量的支持，在短时间内帮助你迅速提高审时度势的能力并准确把握改革的重点。另外，在面对挑战和阻碍时，这份书面承诺会让你和你的员工有的放矢。这被称为“文章的力量”。

Master Your Next Move

准备走进新国家

动身之前

- 了解企业内部和外部对市场和消费者的看法。不能成为专家没关系，关键是要对市场和消费者有所认识。
- 确定当地咨询机构。要向当地能够为你简要说明市场情况和竞争环境的咨询机构寻求帮助。
- 学习语言。不流利没关系，语言学习关乎对对方的尊重。
- 建立一些假设。对即将进入的商业环境建立一些假设。
  - 利用 STARS 模型与你的新上司和其他利益相关者共同讨论当前形势。
  - 评估领导团队。整个领导团队表现如何？团队的新老员工搭配得如何，或本地人与外籍人士协调得如何？
  - 利用手中全部的企业资料和人才储备数据对企业的发展状况进行整体评估。

- 如果可以，通过与团队成员谈话总结他们的看法以检验你的早期假设。

赴任之后

你上任的第一天、第一周和第一个月，绝对是重中之重。以下 4 点可以帮你主动出击、先发制人从而领导改革。

- 认清时务，与领导团队协调一致，采取主动。
- 确立战略方向，并以此管理团队。
- 对关键流程进行修正以求执行的一致性。
- 挖掘本地管理人才，为你最终的离职奠定基础。

遵纪守法

商业标准和“游戏规则”在不同的企业氛围中存在着巨大的差异，这就是为什么对跨国工作的管理人员来说，了解规则很重要。这类人既要遵纪守法，也要懂得使用法律法规，了解规则对销售部和运营部领导来说尤为重要。像不正当交易行为（销售方面）、质检不到位或采购的原材料受到污染（运营方面）等，都是十分危险的，这些错误很容易就会将几个月或更长时间的努力毁于一旦。领导者本应致力于增长业务，却不得不时刻担心会飞来横祸。

你不能想当然地认为，人们在仅仅接受过指令性培训或看过相关影片后就会自觉遵守规则。当地人认为无碍于企业的事，可能你或企业总部却认为不是这样。比如，在法律层面属于违法的行为，在日常工作或生活中却可能属于人们的习惯行为。

为了避免违反法规，你必须以一名首席合规官的标准来要求自己。你还需向一线员工询问一些具体的运营情况："你是如何说服客户或经销商的？""在前两个季度，你是如何完成具体销售目标的？"一直问他们这些问题，直到确定这其中确实不存在任何违法违规行为为止。要是事情实在好得太不可思议了，很可能就有问题。

来到一个新国家接手一份新工作，你需要遵守规则且保持适当的个人准则。这对你做出正确决策、创造良好的文化环境非常重要，这些事情必须从上层开始就起到表率作用。你和你的团队要切实遵从特定的质量标准且同时遵守职业道德，因为人们需要知道你们确实是这么做的。从第一天起，你就要在会议上向企业主要的利益相关者强调符合会议社交、道德和企业标准的重要性，并且在一段时期内都要坚持这么做。你应该特别注意——做好下属的工作，使他们可以向其他人询问恰当的问题，确保工作团队或单位中的全体人员都能共同遵守规则。你可能还想建立一些机制以保障企业中的人员可以安全、匿名地报告问题或者提出疑问，这都是可行的。

不道德的行为可能会比你预想中发生得要快，因此你必须坚决果断，对违规现象要奉行“零容忍”原则，将原则坚持到底。如果一上任就开始妥协，就会一着不慎，满盘皆输。比如，曾有一些高层要求奥斯卡为他们签批信用卡申请，他想这有助于自己建立起宝贵的关系网，于是就在签字栏上签了字。那时他还不知道其中一些高层疑似存在财务问题，而他需要得到企业总部核准才能签字。奥斯卡的顺从引发了一系列负面后果：一是，他可能会被高层们视为“合作”对象，各种请求会像洪水一般涌向他和组织；二是，他在企业人员面前失去了信誉，人们会觉得他谈到遵纪守法仅仅是说说而已。奥斯卡立刻就知道自己错了，不过好在这些高层确实被证实没什么问题。在那之后，奥斯卡谨慎多了，他还聘请了本地的法律顾问来负责合规事宜咨询和疑问解答。

一旦发现问题，就要尽快行动。有一件事让奥斯卡印象非常深刻：他在查实一位高级销售代表确实存在不当行为的两周后，向业务总经理汇报了这个情况，而这名销售代表总是在辩解，或是说“不这么做就完成不了销售任务”，但是奥斯卡坚持在这方面不做任何妥协。另外，让所有人知道多行不义必自毙，也可以表明你在这种问题上毫不手软的决心。

通过建立业务来打造团队

奥斯卡对中国业务的第一直觉就是要评估现有团队成员谁去谁留。这确实是相当合理的做法，毕竟打造一支由卓越的人才组成的团队可以创造出巨大的价值，人人都想拥有这样的团队。

然而，对接受国际任务的管理者们来说，建立团队的方法却不能如此，原因主要有两个。一是处于过渡期的管理者需要较长一段时间才能真正了解谁好谁坏。本地市场动态、前任上司的领导风格，以及企业乃至整个国家的文化准则等诸多方面都会对员工行为的养成造成影响，因此管理者需要花些时间来观察员工的表现。上任 6 个月后，奥斯卡很庆幸自己当初没有开除掉当时评估结果不佳的两位重要人士。他们在奥斯卡上任之初表现得畏缩不语，总是在试探这位新总经理，既不发表意见，也不全力合作，但后来事实证明，他们都是非常有能力的管理者。

二是企业在国际市场中的制度基础还很薄弱，需要尽快找到能够成为重要的高级职位继任者的合适人选。这简直是难上加难。因此，与其自己埋头评估并以此作为出发点，倒不如从多方面权衡：考虑到寻找合适人选所需的时间和花费，是排除异己、培养新人，还是先按兵不动，怎么做才最划算？当然，团队成员有不当行径或拒绝执行团队的新命令，必须零容忍地予以处理。

要适应完全不同的文化和企业环境，管理者们在最初的日子里其实是相当脆弱的。在一些案例中，由于处于过渡期的管理者自身缺乏安全感，所以可能会揪住团队成员被认为是短处的地方大做文章，奥斯卡就险些陷入这个误区。为了向他人证明自己的存在，并展示自己的能力和严谨强势，管理者进入了发现问题模式。这是自我保护的一种表现。

尽管管理者的意图也许是好的，但一开始就专注于评估，会引起员工的防卫性对立心态，他们会彼此联合以求保住工作。这种心态会在整个组织内部扩散，人们结成了联盟，并将大把时间都花在了试图影响人事决定上，从而无法精力集中地工作。

对新领导来说，不如通过为每个人制定短期业务目标来打造团队。这样不仅可以为团队提供明确的前期目标，还可以获得团队成员极有价值的反馈：他们对这种管理方法的反馈，充分说明了他们的能力。尽管如此，在实施过程中，你也仍需注意不要把期望值定得过高。你的实际目标是进行人员调整，所以在确定核心团队之前，并不需要和团队成员建立太深的感情。这样在打造好团队的同时，还能赋予行动更多的意义，在业务上早期的成就会使整个团队欢欣鼓舞、充满希望。

快速决断战略要务

第一次到国外工作的管理者通常会感到吃惊，他会发现自己在判断业务表现和方向上几乎找不到可以依据的信息。过去习惯依赖准确无误的市场和运营数据，现在这个方法则被新市场复杂陌生的业务动态推翻。这些管理者很容易就因“国外冻结”而终结工作。他们费尽心机地想要从根本没有用的数据中看出些端倪，或是干脆重新建立一套信息体系，从而忽视了亟待处理的各项要务。

过渡期的管理者需要认识到，发达国家的公司在发展中国家的业务是高度分散的，很难得到充实的运营和市场数据。通常这些业务都是一系列收购行为的结果，尽管经历过同化过程，却从未真正融合为一体，因而企业会存在各方相互竞争的弊病。尽管奥斯卡很幸运，没有遇到这种问题，但是这家分公司也不应该在短期内走马灯似的更换领导，特别是总部用它作为培养未来接班人的训练场，长期如此，公司内部就会被搅和得一塌糊涂。最重要的是绩效测量和测量体系，缺少了这部分，企业发展就会不健全。

与其只盯住缺失的数据不放，不如根据现有信息明确方向、确定要务、制订执行计划，同时找到获得缺失信息的方法。有一个明确而合理的方向，总比根本没有头绪强。

在没有通常数据基础的情况下，这会是个非常具有挑战性的任务，不是不能完成，只要解决了 4 个关键问题就可以做到。首先，充分利用你能得到的高等级信息。这些信息中的数字说明了什么？组织中哪些部分做得不错，哪些做得不行？哪些产品和服务赚钱，哪些赚不到钱？竞争性情报可能也很有限，但你也应该可以看出谁在你的市场里占有绝对优势，谁与你的规模相当，还有谁根本就毫无竞争力，你的竞争对手的哪些模式和举措值得学习借鉴。

其次，针对企业关键驱动力建立一些假设。特别是要确定今日的基础（当下贡献最大的业务）和明日的潜质（企业将大力投入的业务）。有了这些信息，你就可以开始制定战略规划，巩固基础、抓住机遇，最重要的是停掉所有不属于其中任何一类的商业活动。

再次，根据这些对战略要务的总结，可以确定出前期比较容易取得成功的事情，并以此增强企业动力。可以将大量资源投入一小部分能进行高度调节的方面。以奥斯卡为例，他本可以将精力投入迅速改善产品质量的事项上，可以封杀掉不能制造利润的商业活动或无法保持稳定性的模式。

最后，你可以利用在此期间收集的信息，描绘出一幅路线图，这幅图能够帮助你了解如何最有效地使用资源和人才，准确地突出重点，特别指出你需要填补的知识空白。工作走到这一步才真正需要考虑是否建立全新完整的信息体系，这时讨论如何建立才更有意义。这些战略要务为你提供了动力，需要你主动跟进，它们让你有数据可依、有全面的战略规划可循。这些早期的举动，会对整个企业的长期规划起到至关重要的作用。

明白出国工作不是旅游

作为一名管理者，你自认为是被派来解决极具挑战的专业任务的。可在企业中，论资历，你却是个“新人”，而且只会在那里工作一段时间而已。相比之下，你的这段经历，也就是在简历或职业发展记录中加上一条“具有海外工作经验”而已。这些老员工知道像旅游者一样的经理最关心的，就是在他的眼皮子底下别发生什么坏事，因此老员工非常擅长只说领导想听的话。他们低着头想尽办法拖延或推脱任何有难度的事情，而且总能从领导那里找机会钻空子。

实际上，有些新晋管理者确实也表现得像个旅游者。他们虽然对企业进行了一些了解，但是并没有深入了解企业和国家文化，没能养成敏锐的洞察力，看不懂员工、客户和消费者发出的信号。这是个极大的错误。优秀的管理者需要有强大的分析能力和环境适应能力，这样才能做出英明的决策，使得整个组织高效运营、通力合作，创造出更大的价值。

然而，这不是说只要把自己完全同化到环境中，就能成为一名高效的管理者。人们太容易用“这是文化差异”来给不作为和表现不佳找借口了。因此管理者在自己熟悉新文化的同时，要改变一些下属的习惯，但要把握好二者之间的平衡。这样才能事半功倍。

同样还要认识到，了解一种文化远比考虑是不是要亲吻、鞠躬或握手包含的意义大得多。这些文化的表面现象固然重要，但了解每个组织和社会文化构成的深层意义，才是真正的挑战。比如，谁在依法行使权力，哪些部门或活动最能创造价值。这些洞察力不仅能帮你形成领导风格，而且通常对打造品牌以及对产品或服务定位做出准确决策起到关键作用。

所以，怎样才能加速了解新文化和提高在其中开展工作的能力？找一本文化概述读读会很有帮助，学习当地语言并用于工作也会起到非常好的效果。这样不仅可以把你与旅游者区分开来，而且能让你获得意想不到的洞察力：语言的结构是对文化最好的反映。

另外，可以从公司内部或外部寻找一些“文化解读者”。这些人不但了解你的祖国文化和当地文化，而且能帮你把这两个世界联结起来。理想的话，至少需要两位：一位是已在你赴任国家工作多年、经验丰富的侨民，一位是常年与侨民打交道、经验丰富的当地人。他们能把你的想法以恰当的方式和语言翻译并表述出来。

奥斯卡在上任一个月后想要了解一位工厂分析师新建立的生产分析模型，于是去听了一场跨文化风险管理课程。奥斯卡召集了工厂所有负责监管的员工开会，请这位分析师来讲解她的模型。在会上，所有人都低着头，而分析师也是局促不安。之后，人力资源主任才告诉奥斯卡，当众推崇一个人的工作成绩，与中国传统文化中强调集体荣誉的元素冲突了。

奥斯卡想通过让其他人认识到什么才是优异的表现，来激励人们追求卓越。他的想法是好的，但他需要通过在文化中能起作用的方法来鼓励优异的表现。他本可以通过别的方式来表明自己承认某人的优点，比如可以在一对一的谈话中表扬这位分析师，并对她的工作表示感谢；而在公开的论坛和会议上，则要把团队作为整体来表扬，顺便提到感谢这位分析师杰出的领导工作就可以了。

管理者们最兴奋的过渡期之一就是进行国际工作调动。个人的挑战和组织的挑战数不胜数，如果在心理上准备充分、计划周全且都有效执行，这些任务就会极大地增强你的能力、增长你的见识。

挑战清单

Master Your Next Move

1. 跨国职位调动的挑战，即如何在陌生的环境中展开新生活，以及如何适应完全不同的文化和企业环境，顺利开展工作。

2. 顺利适应跨国职位调动的 6 大行动：①先安顿好家人；②充分利用你的出场；③遵纪守法；④通过建立业务来打造团队；⑤快速决断战略要务；⑥明白出国工作不是旅游。

3. 关键行动：

 ①考虑变化所涉及的所有事情，以将变化对家人的影响降到最低；

 ②参考“准备走进新国家”指导意见，包括动身前与赴任后；

 ③了解规则，无论是对自己还是对员工，违反规则“零容忍”；

 ④花些时间来观察员工的表现，尽快找到合适的关键高级职位继任者，为每个人制定短期业务目标；

 ⑤充分利用你能得到的高等级信息；

 ⑥收集信息，确定前期较容易取得成功的要务，并描绘规划路线图，增强企业动力；

 ⑦调整文化，注意保持员工与新文化之间的平衡状态。

Master

Your
Next Move

第二部分

组织变革挑战

第 6 章

如何扭亏为盈

Master
Your
Next Move

德布拉刚刚升任诺华医药妇女保健部的总经理。妇女保健部成立于3年前，但一直业绩不佳，不仅产品没有得到作为客户方的医师们的认可，而且无法向总公司说明巨额投资的去向，最重要的是这个部门的亏损实在令人无法接受。德布拉的前任最终为此引咎辞职了。德布拉接手的是个乱摊子，不惜一切代价阻止事态恶化下去，是她面临的巨大挑战……

“来挽救我们的企业吧，要不惜一切代价阻止事态的恶化。”德布拉作为诺华医药妇女保健部的新任总经理，深知这就是她要面对的挑战。妇女保健部成立于 3 年前，但一直业绩不佳，不仅产品没有得到作为客户方的医师们的认可，而且无法向总公司说明巨额投资的去向，最严重的是这个部门的亏损情况实在令人无法接受。德布拉的上一任，也就是这个业务部的创始人，最终为此引咎辞职了。德布拉接手的是个烂摊子，需要她来收拾残局并重整旗鼓。

诺华医药总部位于美国俄亥俄州，致力于开发、生产医疗用品，由心脏病、整形外科以及手术医疗 3 个部门组成。手术医疗部门开发、经销缝合线、手术刀和牵引器等常规手术器材，在行业中居于领先地位，在主要产品大类上的市场地位十分强势。然而，这个市场已经相对饱和了，部门领导们迫切希望找到有潜力的业务增长点进行项目开发。

正是在这种背景下，德布拉的前任提出了一个至关重要的建议，即成立一个新部门，致力于开发诊所专用的妇科医疗手术用品。全球年龄在 45 ～ 55 岁的妇女人数急剧增加，这是个快速增长的市场。另外，目前，先进的微创技术的运用已经使得病人不需要花更多时间来住院治疗了。先进成熟的微创技术也使得美国和欧洲一些国家越来越多的妇科手术在门诊就能完成。

按德布拉前任的计划，妇女保健部经销诊所专用的妇科医疗手术器械和其他产品，主要针对生育问题、盆腔疼痛和小便失禁等 5 类疾病。这些疾病通常由产科医师和妇科医师进行诊疗，妇女保健部可以协同营销、销售和售后服务等部门对这些既有客户进行更有效的开发。这份商业计划还包括同时开发美国和欧洲市场，以相互促进发展。以子宫异常出血的微创手术为例，虽然在美国这种手术已经相当成熟，在欧洲却还是个空白领域。反过来，在欧洲小便失禁的治疗需求很大，而在美国就没有那么多此类的病人。妇女保健部准备将这些成功的医疗产品和医疗技术推向其他有需求的国家的市场。

妇女保健部的目标产品和技术在当时并非诺华医药的强项。因此总公司开展了一系列收购活动，并就多项医疗使用许可达成协议，才使得这个新部门同时拥有生产和研发能力。手术医疗部门负责各项具体事宜，让德布拉的前任轻松上阵，专注于市场开发和销售。高层团队还决定通过共享服务协议向妇女保健部配备诸如财务、人力资源、IT 和监管等重要支持部门的服务。结果，妇女保健部总经理就只有 5 名直接下属：2 名营销总监、1 名销售总监、1 名研发部门联络员，还有 1 名总监专门负责建立诺华医药在美国和欧洲以外市场的新公司。

在这 3 年里，妇女保健部的经营深陷困局，不但没有达到收入目标，而且连续 4 个季度亏损，部分原因在于预测不准，还有对针对 5 类疾病的 5 类主营产品的竞争性预计不足，竞争的激烈程度远远超出了他们的想象。为了解决这些问题，妇女保健部增加了很多新产品开发项目，结果反而造成了顾此失彼的局面，不仅进度赶不上计划，而且大大超出了预算。屋漏偏逢连夜雨，妇女保健部还遭受了子宫异常出血微创手术设备召回事件的冲击，导致监管机构和媒体对其做出了负面评价。与此同时，将欧洲产品引入美国的战略性工作进展得相当艰难，监管部门批准欧洲产品投放美国市场的进程远比预想的慢得多。总之，妇女保健部诸事不利，员工们的士气大受打击。

德布拉的新上司威廉善于管理那些成就非凡的大型企业，他知道刚成立的企业需要更多时间来争取市场核心客户群，因此他曾给了德布拉的前任更多的时间来解决问题，但久不见成效。威廉别无选择，只好辞掉那位总经理，另请高明来拯救这家企业。

威廉很了解德布拉。也许有人会说她冷酷无情，但是她成功地挽救了一家困难重重的企业。德布拉初涉职场时，在手术医疗部伤口护理业务组工作，接着，她先后在销售部和营销部担任过管理工作。由于在内窥镜业务营销副总的职位上表现出色，她直升区域经理。近 3 年来，她成功地领导企业在葡萄牙的业务走出困境，重获新生。尽管在规模上，妇女保健部的挑战比她以往经历过的都大，但这次晋升对她还是很有吸引力的：她认为自己所要做的就是一些改良性的变革，因此也很乐意接受这个职位。

扭亏为盈，速度是关键

新领导要使用 STARS 模型认清自己正面对的组织变革挑战，并针对必须进行的改革制订方案。本章和第 7 章、第 8 章会对此给予进一步解释。

德布拉在妇女保健部面对的挑战无疑是要扭转企业的亏损局面。她收集到的数据（以长期亏损为表现）表明，组织陷入了严重的危机之中，而且近期采取的所有措施都无济于事。员工士气低迷，对现任领导失去了信心，而事情又迫在眉睫：任何一个头脑清醒的人都不会允许德布拉采取渐进式的策略来改善企业状况。她越快弄清问题所在，就越能尽早采取应对措施。

在解决企业亏损问题时，速度是关键。因为这种企业就像一辆发动机起火的汽车：你必须立即靠边停车把火扑灭，然后将车子送修，拆掉损坏的发动机，再更换上新的。在商业环境中，作为这种企业的新领导，初步行动一定要迅速有效：立即尝试稳定企业，维护“具有传统优势的核心业务”，以保证企业能继续生存下去。然后再将注意力转移到重新带动企业运转上，为进一步发展打好基础。

企业体系分析，先稳定再改革

先稳定，再改革——这是你作为领导挽救企业时应坚守的信条。企业形势需要你快速诊断出症结所在，并确定出对组织进行变革所要面对的关键挑战。为了加快这个过程，要将企业看成一个动态的系统，其中各个要素既相互依存，又可进行独立分析（见图 6-1）。在此，需要特别重视企业体系的 4 个重要方面：

- 外部环境：企业面对的竞争性挑战、政治性挑战，以及外部关键利益相关者对企业的期望。
- 内部环境：组织气候与工作文化。
- 企业策略：构成企业指导方向的使命、愿景、目标、量化标准和激励措施。
- 企业架构：用于实现企业策略的具体领导团队、技能组合，以及核心业务流程。

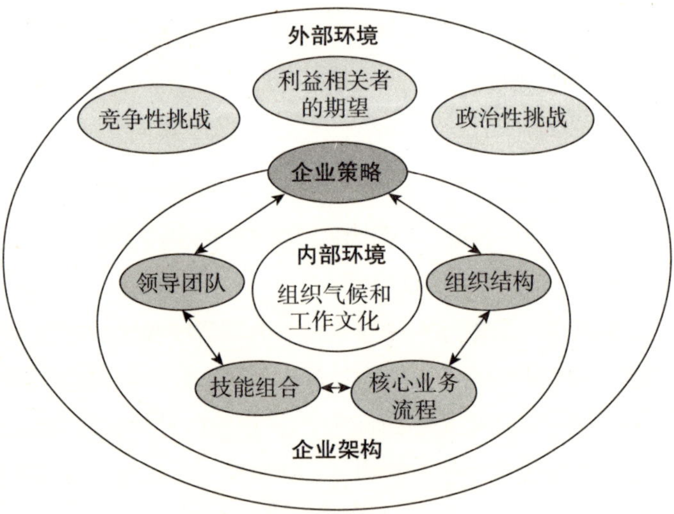

图 6-1　企业体系分析模型

了解内部环境和外部环境能够帮你明确企业面临的挑战和机遇，企业策略和企业架构则是可以影响企业表现的杠杆。这些要素相互依存，企业策略可以将利益相关者和外部势力集团与企业联结在一起，而企业架构除了支持企业策略，还在很大程度上影响到了企业的组织气候与工作文化。让我们来仔细分析一下企业的各个组成部分，以及德布拉在扭转妇女保健部的亏损局面时，应该如何使用企业体系分析模型来解决可能遇到的挑战。

评估外部环境，明确当前形势

德布拉接管妇女保健部时，企业正经受着巨大的挑战，主营的 5 类产品与对手之间的竞争十分激烈。另外，产品投放市场的批准进程缓慢，再加之产品召回以及赔偿事件带来的不良影响，企业在政治方面也遇到了巨大的阻碍。还有像德布拉的新上司和诺华医药高级团队这样的外部利益相关者对她的期望，导致德布拉可以进行调整的空间非常有限。基于德布拉对妇女保健部的情况的初步判断，“评估外部环境”专栏中提出了对当前形势的具体要求。

Master Your Next Move

评估外部环境

竞争性挑战

形成现有竞争性挑战的主要力量有哪几支？

- 针对常见妇女健康问题的微创诊疗技术市场在不断发展壮大，但其他的一些部门和地区却更具吸引力。
- 企业主营的 5 类医疗用品各自都有实力强劲且相当专业的竞争对手，总体竞争强度不断飙升。
- 企业是以客户、舆论导向和技术等各方面在不同产品门类上的协同合作为前提建立的，而实际情况并没有产生协同作用效果，各个方面都为此努力了吗？

政治性挑战

有哪些监管部门和势力构成了外部政治性挑战？

- 德布拉的前任以及领导团队建立了在美国与欧洲之间相互引进现有成功产品的假设，然而当时这些产品却出现了召回以及索赔的问题。妇女保健部在投放新产品的同时，需要做好赔偿工作，并对出现的问题多加讨论。因此，企业的亚洲市场开发计划应该重新考虑赔偿问题和患者接受度等潜在的障碍因素。

- 美国政府医药监管部门对企业失去了信心。在一个使用妇女保健部所生产的医疗用品的手术中，现已被召回的问题产品确实导致了严重的医疗事故，危及患者的生命安全。

利益相关者的期望

他们期望新领导在多长时间内取得怎样的成绩？

- 威廉希望德布拉能够重振企业：首先稳定住企业，在 6 ～ 9 个月内使资金能够周转开来，营业额达到两位数的增长，并在两年内实现扭亏为盈。
- 财务及人力资源这种重要支持部门的领导希望，德布拉能够参与厘清企业的各项业务，包括希望她能换掉大部分或全部下属。

评估内部环境，识别组织气候和工作文化

之前已经说过，内部环境包括组织气候和工作文化。组织气候是指人们如何看待企业，以及他们与企业的关系；工作文化是指人们在组织中如何沟通、思考和行动——所有这些模式

都基于组织中的人共同的假设、价值观和经历。当这些模式充分发挥作用时，人们就能在一起创造出更加丰硕的成果：人们在追求自身卓越的同时能更好地完成企业的目标。如果这些模式功能失调，就会影响员工士气和敬业度。例如，在妇女保健部，一些经理人就会抱怨在组织里的权力太少，企业缺少对普遍存在问题的危机管理。这些都是德布拉需要关注的工作文化问题。基于德布拉前期的诊断，她对妇女保健部场景的概述，请参见“评估内部环境”专栏。

Master Your Next Move

评估内部环境

组织气候

关于组织气候和员工敬业度的核心挑战是什么？

- 团队陷入了做出承诺却无法兑现的恶性循环，导致整个组织士气低迷，员工敬业度不高，公司基层员工对领导团队的能力持否定态度，情绪十分悲观。这样，就算更换了总经理，也没人会转为乐观情绪，相信他能挽救企业。
- 销售人员与营销人员之间充满了矛盾。营销人员认为销售人员没有投入全力来执行他们的营销方案；而销售人员则指责营销人员没有为核心产品提供足够的关注和资源，认为自己是在替人受过。

工作文化

在工作文化方面会遇到的核心挑战是什么？

- 人们在没能兑现承诺时总是在找借口而非承担责任，把责任归咎于企业创办时间短且长期业绩不佳。
- 当出了错误或问题时，人们总是相互指责或互相推卸责任，而非分析问题的根本原因并解决问题，特别是销售人员和营销人员之间的这种状况，矛头总是直指对方。

把握 3D 企业策略模型的 3 个维度

如果你像德布拉一样要将一家企业扭亏为盈，首先就要严苛认真地审视企业策略：要彻底改善企业状况，就必须先证明现有企业策略无法完成这项使命。解决问题的方法有很多，无论情况多么复杂，只要制定好相应策略并有效执行，问题就都能得到妥善解决。

经验丰富的领导者自然会想到组织的路线图必须清晰、有力，但实际上很难讲清楚策略到底是什么，也很难说明白好坏的差别在哪里。因此，领导团队在试图评估现有策略和制定新策略时，很容易深陷文字谜题。我们是在讨论目标，还是愿景？我们是在就策略性意见进行辩论，还是只谈谈使用哪些手段？我们应该把企业作为一个整体来制定策略，还是制定像营销部或研发部这类具体部门的策略？

在定义什么是好的策略时，必须明确一些事情：这些事情会在长期合作中为客户创造价值，为投资者增加财富。若能做到有效沟通、意图清晰、重点突出，并建立联盟，事情就能化繁为简。好的策略还能增强组织的核心竞争力，对挑战做出反应，在外部环境中创造机遇，使组织更稳定且具有更强的适应性。

然而，在制定策略时，事情往往会变得有些模糊不清。制定策略与设计商业模型是一回事吗？策略应该有助于领导来决定以何种方式获得对组织进行改革和调整的支持吗？策略还要关注企业如何了解和适应变化的形势吗？所有问题的答案都是肯定的。实际上，领导们基本都是在不知不觉中就已经完成了这些策略性谈话。

为了让企业能成功地扭亏为盈，你需要了解企业策略应当包含的 3 个维度，图 6-2 所示为 3D[①] 企业策略的核心要素：设计（或重新设计）商业模型［Designing（or redesigning）a business model］、驱动组织性调整（Driving organizational alignment）、动态地适应外部环境的变化（Dynamically adapting）。

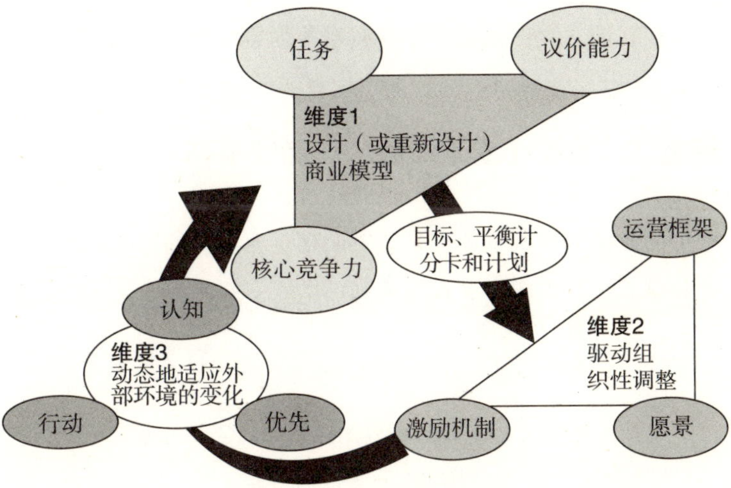

图 6-2 3D 企业策略模型

- 设计（或重新设计）商业模型，以求在内部环境中把握具体机遇，抵御相关威胁。

① 3D Business Strategy 是创世纪咨询有限公司（Genesis Advisers LLC.）的注册商标。

- 驱动组织性调整，确保企业上下各级员工积极响应符合商业模型的决策，协助企业达成目标。
- 动态地适应外部环境的变化，通过创新和不懈努力来影响政治势力和监管机构，采取主动以求“掌控游戏”。

让我们来具体认识一下这些重要的策略维度。

维度 1：设计（或重新设计）商业模型

商业模型的根本原理是能够明晰企业运营的核心逻辑——企业收益、管理成本、长期盈利性增长。商业模型的关键要素包括：

- 任务的定义。企业的首要重点是什么？企业要如何对待目标客户、产品、服务包以及价值定位？
- 切实了解企业议价能力的稳定来源。企业如何建立和发展为客户及供应商获取价值的能力？企业在与政策制定者、监管部门、非营利性组织以及其他非商业组织的交往中，如何保护自身的利益？
- 全面建立核心竞争力。企业必须在哪些方面占据优势，以支持完成既定任务和维持议价能力的来源稳定？企业的哪些内部任务或业务完成得不错，应该收购或外包哪些业务？

这些商业模型要素通常会相互强化：有明确的任务才能做出具有针对性的决策，即决定向哪些核心能力加大资金投入，而所有这些又支持着企业的核心业务。同样，加大对能增强核心竞争力的业务的投资，有助于企业建立稳定可靠的议价能力来源，如规模经济、知名品牌、受法律保护的知识产权。

明确的任务是改造商业模型的一部分，过渡期中的领导者必须以明确的任务展开工作，并以此为跳板，以长远的视角为企业重新定位。能够做到这点，就已经可以称得上入职前期取得的一项成就了：明确的任务可以让议价能力与核心竞争力的来源更加稳定突出。这会相应地促进商业策略在另外两个维度上的发展：驱动组织性调整以及动态地适应外部环境变化。

要明确任务和重新设计商业模型，你和你的高级团队就应该问自己一系列指导性问题：

- 我们应该为哪些客户服务（不做哪些客户的生意）？

- 我们要提供哪些产品和服务（不提供哪些）？
- 还需要聘用哪些人（不用哪些人）？我们要提供怎样的价值定位（不提供哪些价值定位）？
- 我们需要进行哪些权衡，做出的妥协又具有怎样的意义？

这些问题向组织提出了一系列具有强制性的准则，使企业避免遭受“免疫系统”的攻击，并防止企业偏离任务。如果企业缺乏战略要点，就会不可避免地对企业系统的其他部分造成负面影响，组织内部的不良气候和工作文化会导致企业在外部环境中举步维艰。

要想在妇女保健部取得成功，德布拉必须开始就任务和商业模型问自己一些十分尖锐的问题。企业创建之初的所有事都是重点，这也就意味着工作毫无重点。企业将有限的精力和资源投入过多的产品门类中，就会导致没有一种产品能够获得足够的重视。没有核心关注点，妇女保健部的领导团队就无法有效地分配资源来打造业务重心。另外，由于组织的各个产品门类之间缺乏协调，没能把产品出售给目标客户或是整合相同的技术，没有对手术器械用品目录进行整合，这样在给客户的报价上就不具备足够的竞争力；同样，由于各自分散采购，供应商也不会提供更优惠的价格。这就使妇女保健部丧失了更高的议价能力。简单地说，就是没有一个明确的准则使得企业把不同方面联系到一起。

德布拉需要特别重视其中两到三个能够产生资金流且能显现出巨大增长潜力的产品门类的业务组合，这个业务组合还应能够真实地表现出是共同客户、营销渠道、技术平台等各方面协同作用的效果，而非想象的或是期望的。对于剩下的产品，则应选择放弃。如果妇女保健部所选定的产品门类缺乏大量的客户，德布拉就应该考虑通过授权协议出售这些产品门类的不良业务组合，或是另外收购一些有潜力的目标业务。

商业模型为明确策略性目标奠定了基础，或者说是为企业列出了要务中的要务。正视企业现实情况，并问自己：在营业额、成本、现金流和其他重要的业绩指标中，哪项才是最重要的？在完成目标的过程中，可以采用怎样的量化标准来衡量进展？

就每个关键步骤或质量指标而言，你都应该想到要建立自己的方法来跟踪业绩表现。结构化的方法论，如卡普兰 / 诺顿平衡计分卡就是一个很好的测量工具，着实有助于形成性能示意图。例如，一个使用常规红、黄、绿三色作为代码的商业智能仪表盘可以指示正在处理、停滞不前以及失败。这些直观的组合能够帮助你与组织进行有效的要务沟通，还能推动团队向既定目标前进。

另外，通过这种方式大量放弃高级别目标，无疑会触发员工对关注点和优先事务的其他想法：在制定了整体营业额目标后，分派到各个具体产品门类上的目标营业额是多少？对于减低成本后的整体目标，需要在哪些地方减少开销？诸如此类的很多问题都要考虑到。

最后，平衡计分卡和商业智能仪表盘有助于企业明确任何需要在根本上权衡的商业性问题。例如，“如果我们做了 X，就必须做 Y，那么结果会是什么？”对这种问题的讨论必须与团队就商业模型进行的讨论保持一致：客户的价值定位是什么？还需要加强哪些核心能力？关于这些问题的对话同样应该列入组织运营目标，在下一部分中将对此进行讨论。

维度 2：驱动组织性调整

在重新设计了商业模型和明确了具体任务与平衡计分卡之后，第二步就要建立企业策略，以确保组织上下全体人员的行为能够符合商业模型的要求。这有助于达成目标。**如 3D 企业**

策略模型所示，需要在 3 个方面进行调整：全面的运营框架、设计周全的激励机制，还有强大的愿景。

企业上下各级人员怎样才能做出正确的决策呢？运营框架就为员工提供了具体的指导，根据运营框架行事才能支持商业模型达成关键目标。明确谁可以在怎样的指导准则下拥有哪些事务的决策权，以此来健全运营框架，其中应包括企业标准运营流程、核心商业规律、项目管理规程、危机管理规则，还应包括像组织规划与预算系统这样的相关准则。无论是明明白白、清清楚楚写下来的书面文件，还是大家默认的一套运营流程，都是“剧本”，指导人们在企业中协调工作。

现在你能够做出正确的决策了，可人们凭什么一定要执行呢？人们都想通过行动获得更多的利益，因此激励机制就是他们努力工作的一个关键理由。激励机制应该包含固定的绩效奖金、个人和团队奖励，以及货币和非货币形式的额外奖励。激励组合应该与企业确定的目标、量化标准，以及完成目标过程中的业绩表现直接挂钩。

最后，在 3D 企业策略模型中，愿景与任务分别位于模型的两端，企业策略以愿景指导着各项具体任务，可人们却总是将愿景与任务搞混，要把它们区分开来其实也很简单。任务，就是企业要达成的目标。当领导说，“我们要占领那座山”时，指的就是一项任务。相对而言，愿景是人们为达到某个目的而加倍努力的理由。它描绘了一个人们想要的未来，让人们为之不懈奋斗。这时，领导则会说：“占领那座山，我们就能为子孙后代创造一个更加安全美好的世界！”确实，通过判断有没有“鼓舞人心”的言辞，就能很容易地区分开任务和愿景了。

维度 3：动态地适应外部环境的变化

3D 企业策略模型的第三个维度，即要动态地适应外部环境的变化。俗话说，“纸上谈兵，一战即伤”，但这并不是说计划不重要，而是表明好的企业策略必须坚实有力，能够应对变化的形势，使组织能够迅速地察觉出环境的变化，并做出正确的反应。

要动态地适应环境，首先，就要看清正在形成的威胁和机遇，确定要对哪些事务优先做出反应并采取行动。**这些合在一起就构成了 RPM 流程，即认清形势—优先处理—动态适应（Recognize-Prioritize-Mobilize）**，见图 6-3。其次，领导们立即就会问其他一些相关问题：企业是如何确定环境变化的，能比竞争对手的反应速度快多少？这是企业应该预料到的吗？企业现有怎样的情报收集与传达机制？人们是如何处理信息并确定哪些事情需要优先处理的？一旦出台应对决策，人们会怎么做？

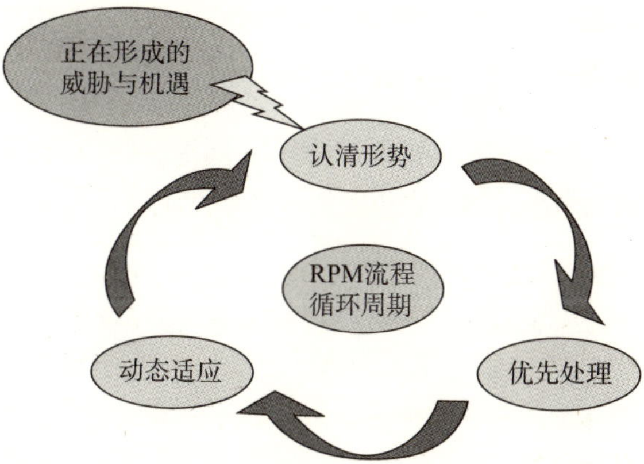

图 6-3 RPM 流程

用高效的方式完善企业架构

假设你和德布拉一样掌管一家亟待彻底改革的企业，艰难地对所处的内部环境和外部形势进行评估，坚持完成了最艰巨的任务，将失败的策略找出来并加以修正，但要实现企业的改革计划，你还需要关注企业体系的另一方面：企业架构，或以高效的方式进行资源基础的管理。这包括下面 4 个要素。

- 企业的领导团队：你的直接下属与间接下属协同合作朝既定的方向努力，体现出企业的核心价值观和行为准则，严格执行计划并取得最佳成果。
- 企业的组织结构：员工被编入不同单位和部门，拥有相应的决策权，并通过机制协调各部门工作，如加入项目团队、负责联络职能。
- 企业的技能组合：在具体工作中能够产生预期效应的技能与能力。
- 企业的核心业务流程：信息与物资在企业内部运转，从投入到产出的途径。

在妇女保健部，企业架构在 4 个要素上都存在着问题，包括领导团队要处理质量问题，销售部与营销部之间令人担忧的矛盾，以及开发新产品过程中存在的薄弱环节等。根据德布拉早期进行的内部诊断，妇女保健部的企业架构总结参见“评估妇女保健部的企业架构”专栏。

Master Your Next Move

评估妇女保健部的企业架构

领导团队

- 现有团队士气低迷、四分五裂，得不到组织其他部分的尊重与信任；即使不是全部，团队的大部分成员也会被替换掉。
- 组织需要在各个层面进行调整，选用有能力的新人加入其中，但如何把握好改革的力度呢？
- 企业需要在关键部门投入专项资源（工作人员），如财务部、人力资源部、研发部以及监管事务部。根据德布拉对收购和获取许可协议的决策，在相应部门可能要投入更多人力负责这些工作。

组织结构

- 尽管妇女保健部通常会设立两名营销总监，但这完全起不到任何作用。这种重复说明，在营销上缺乏重点，只会加重销售人员与营销团队之间的分歧。
- 像妇女保健部现在这样，与手术医疗部共用一套服务支持系统，是得不到任何效果的。数量庞大的间接下属和相对缺乏的专项资源，造成了企业单位内缺乏战略重点，并使得像财务部和监管事务部这样的部门无法得到足够重视，致使德布拉彻底改善企业的挑战难上加难。

- 妇女保健部的运营（特别是结构与核心流程）需要进行彻底改造。因为这个部门是通过收购和获得许可协议组建的，包含了过多效能不足的业务和产品。这会严重增加成本和产生质量问题。

技能组合

- 在德布拉的直接下属级别以下的基层员工中，真正有能力的人并不多，尤其是销售部门，特别缺乏有实力的业务员。她还不清楚有没有人能担负起销售管理工作。

- 由于之前与手术医疗部共用一套系统，所以妇女保健部要单独组建一个核心部门时，就会提供大量吸引人的工作机会。德布拉可能会招入大量人才来专门负责人力资源、财务以及运营等方面的工作。

核心业务流程

- 妇女保健部的需求预测与商业规划流程十分薄弱，导致了计划的不切实际。

- 研发团队的项目管理流程也十分薄弱：毫无重点地开发

了过多产品，没有及时停止那些保障不足、前景黯淡的项目。如果成立一个跨部门的监管团队，并采用更加严格的分段式管理程序，情况就会得到极大改善。

尽管企业架构各个方面可以独立分析，这些方面也必须遵从一个合理的体系。

因此，像德布拉这种肩负将企业扭亏为盈重任的领导，最重要的一项诊断性工作就是要对企业架构的各个要素进行评估，确定是否存在阻碍企业发展的架构性偏差。妇女保健部的失败是问题策略导致的吗？还是因为组织缺乏能够将策略落实到位的人才？企业架构中的细节说明，妇女保健部的现有策略存在着严重缺陷。妇女保健部选用人员的方法是否有助于实现企业目标？答案是否定的——与手术医疗部共用一套服务系统最终分散了妇女保健部的整体重点，同时导致它无法对人员构成进行有效调整。

挑 战 清 单

Master Your Next Move

1. 如何扭亏为盈的挑战，即如何改善亏损的企业形势。

2. 改善企业形势的两大信条：①速度是关键；②先稳定，再改革。

3. 改善企业形势的 6 大策略：
①认清企业形势，重新建立平衡，使得企业、员工和运营相互协调一致；
②分析企业体系，速效诊断正在形成的威胁和机遇，以及影响企业表现的杠杆；
③明确关键要务，确定企业最具竞争力的核心业务，并优先处理；
④调整企业策略，帮助员工形成危机意识，提高工作能效；
⑤动态适应环境，迅速地察觉出环境的变化，并做出正确的反应；
⑥重整企业架构，构造新的、高效的组织文化，消除员工的消极情绪。

4. 分析企业体系及明确策略的 3 大工具：企业体系分析模型、3D 企业策略模型和 RPM 流程。

5. 关键行动：分析企业体系，评估企业内部和外部环境，制定企业策略，完善企业架构。

第 7 章

建立优势互补型团队

Master
Your
Next Move

在加入凯尔科仪器公司之前，斯蒂芬是一位作风强硬、雷厉风行的管理者，拥有 14 年顶级汽车制造企业工作经验。由于不愿意总是处于激烈的竞争中，他决定凭借自己在世界一流企业中的运营管理经验，转投凯尔科仪器公司。斯蒂芬要是对什么深有体会，那一定是管理处于危机中的企业。凯尔科仪器是一家跨国医疗设备公司，斯蒂芬负责总公司在欧洲的制造业务，必须在短时间内成功地将业务发展壮大。他以前的方法能在新职位上同样奏效吗？

斯蒂芬要是对什么深有体会，那一定是管理处于危机中的企业。凯尔科仪器是一家跨国医疗设备公司，斯蒂芬负责总公司在欧洲的制造业务，必须在短时间内成功地将业务发展壮大。然而，他还不太确定以往的工作方法是否也能在新职位上同样奏效。

在加入凯尔科仪器之前，斯蒂芬是一位作风强硬、雷厉风行的管理者，拥有 14 年顶级汽车制造企业的工作经验。他在德国南部的企业总部，从一名生产力分析师做到了企业最大一家装配厂的总经理。在汽车企业，高级职位十分有限，他不愿意总是处于激烈竞争中，因此决定凭借自己在世界一流企业中的运营管理经验，转投一家新兴行业的新创企业担任高管职务。

经过一系列面试和一段时间的谈判后，斯蒂芬加入了凯尔科仪器，出任制造业务副总裁。凯尔科总部设在美国，但却在 50 余个国家设有分公司，并已在欧洲发展多年，以完全不同于北美洲的区域结构为豪。其业务还遍及南美洲和欧洲、中东、非洲（即 EMEA 大区），以及亚太地区。之所以涉及这么多国家，主要是由于企业经常需要获得具体市场的批准才能投放新产品，且只有在获得许可证之后才能进行生产活动，而在当地设立企业可以很好地规避繁复的行政审批程序。斯蒂芬在加入凯尔科 EMEA 大区后，把家从德国南部搬到了瑞士苏黎世。

斯蒂芬来到凯尔科最初的任务是，重整凯尔科的欧洲制造业务。企业过分依赖通过收购来扩大业务，局限于区域运营状况而丧失了很多机会。面对机能不良的欧洲制造业务，斯蒂芬果断地进行了机构重整。不到一年，斯蒂芬就将重要的支持部门进行集中管理，关闭了 4 家效能最低的工厂，将一大块生产业务移至东欧，进行了涉及总人数 15% 的大规模裁员。这些改变虽然痛苦，却在第 18 个月月末时开始显现出效果，运营效能继续提高：改革进行 3 年后，企业所属工厂就跻身欧洲工厂排名的前 20%。

斯蒂芬在欧洲的成功，使他升任为凯尔科北美洲总部供应链部门执行副总裁。在新泽西，他的职权更大了，主管战略架构下的生产活动、跨国物流，以及客户服务。原先分离的业务现在被整合到了一起，这次任命要求斯蒂芬管理整个终端到终端的供应链，但现实总是好事多磨。

与欧洲业务情况不同的是，凯尔科北美洲业务目前并没有出现任何危机，而斯蒂芬开始认识到，没有危机才是问题的实质所在。北美洲企业长期保持成功状态，只是最近才显露出一些业务下滑迹象。在上一年的行业排名中，企业的生产能效略低于行业平均水平，产品准时交付客户的满意度排名更是跌至倒数第三。尽管这个成绩尚能令人接受，但没什么转机。另外，北美洲业务需要解决结构性问题，但要解决这一问题并非轻而易举的事情。以北美洲工厂为例，对其生产部门的集中管理与权力下放已经形成了一种平衡，很难打破再加以调整。

然而，斯蒂芬对团队评估之后，发现了严重的问题隐忧。首先，他仔细了解了运营状况后，发现在供应商的规划和整合、市场的预测，以及设备的可靠性等供应链的各个环节上都存在着一系列问题。对此，他十分不安，而各部门却没有采取任何措施去解决问题，只是在问题出现后相互指责。这说明部门之间的关系相当紧张，甚至到了相互怨恨的地步。这种不和的情况，在先前独立运营的部门之间更加严重。斯蒂芬相信，一定有更好的办法将他主管的 4 个供应链核心部门融合起来。

其次，他注意到美国的管理者总是热衷于处理全面爆发的危机以显示自己的能力，而非从一开始就阻止问题的发生。在问题出现以后，管理者们提出的所谓方案也只不过是缓解一下表面症状，没有从根本上解决问题，治标不治本，因此同样的问题一定还会再次出现。在“英雄主义文化”背景下，只有敢于行动、手握宝剑、时刻准备迎击破坏者的管理者，才会备受推崇。组织非常欣赏这种危机模式下的个人能力，而人们又十分清楚这一点，因此他们的说服能力很强，且更善于应对混乱不堪的局面。

再次，斯蒂芬认为对重要事项进行决策时，应该参考客观公正的信息，不能总是凭借自己的直觉，北美洲企业的信息系统确实也提供不了多少有价值的资讯。在斯蒂芬看来，这些缺点遍及整个企业，在很大程度上导致人们无法对企业的未来保持乐观态度。将来一定会发生更多的“英雄救火”事件：管理者们条件反射地看到“杯子是半满的”，但根本不会想到这或许就是问题发生的早期预警信号。只有等到问题不可避免地发生了，他们才会行动起来。

最后，斯蒂芬认为，他需要尽快通过各种措施提高企业效能。凯尔科仪器的总经理曾公开宣布，在未来 3 年内，将会限制美国公司向劳动力价值更低的国家输出工作职位，包括以建设工厂为渠道的直接输出和通过项目外包的间接输出。尽管现有工厂的能效不高，但它们都不愿意被关停。

综合这些前期评估信息，斯蒂芬认为北美洲业务的企业文化是问题的根源所在，其影响远比策略问题、结构问题或体系问题要大得多。在这里，人们高度重视团队合作，会为组织的良好表现而骄傲自满。对北美洲的制造业务来说，这里的“火险”实在是太多了。斯蒂芬在欧洲取得了成功，他清楚自己被派来北美洲的任务有多么艰巨。但这位尚在过渡期中的管理者却不确定自己该不该照搬在欧洲时的工作模式，也不确定照搬以往的工作模式是否会同样奏效。

企业调整，先强化危机意识

斯蒂芬的故事说明了管理者在企业之间或企业内部调动时一般会遇到的难题，即对接管企业所处的形势进行评估。具体到斯蒂芬在北美洲的任职来说，他现在面对的挑战是对企业进行调整。这与他在欧洲时遇到的情况一样吗？与挽救企业的挑战是一回事吗？从表面上看，这两种情况确实非常相似。然而，只有在辨清二者之间隐藏的根本区别后，斯蒂芬才能做出正确决策，有效推动企业改革。

辨清区别的关键就在于“紧迫感”。本书第 6 章提到过，亟待扭转亏损局面的企业就像一辆发动机起火的汽车：问题出在哪儿很明显，司机必须迅速反应并彻底改善车况。斯蒂芬在欧洲遇到的就是这种情况，他和团队需要迅速处理迫在眉睫的事务。相比之下，需要调整的企业就像一辆轮胎在慢撒气的车，因为问题在很长一段时间内并不会暴露出来，司机只有在一个或是几个轮胎严重亏气后才会发现问题。这就是斯蒂芬在北美洲业务中遇到的情况，问题逐渐形成却未引起人们的注意。

度过不同形势下的过渡期要具体问题具体分析，需要有不同的策略来进行相关调整。以扭亏为盈的挑战为例，处于过渡期的管理者首先要将企业稳定下来：重新建立平衡，让企业、员工和运营相互协调一致。其次要确定企业最具竞争力的核心业务：如果需要，就进行大刀阔斧的改革，以求抓住机遇，稳步增长。**但在进行企业调整、提高能效时，首先要做的是进行教育：新领导必须让员工形成危机意识，让他们认识到企业确实存在着某些问题（见表 7-1）。**

表 7-1　　扭亏为盈的挑战 vs. 企业调整的挑战

基本方法	扭亏为盈的挑战	企业调整的挑战
1. 组织学习 找出你最需要学习的地方，向谁学习，怎样才能学得最有效?	重视技能性的学习（策略、市场、技术等），即学即用	重视文化和人际关系处理方面的学习；在新环境中能够游刃有余地应对这方面问题

续表

基本方法	扭亏为盈的挑战	企业调整的挑战
2. 确定策略意图 与他人交流一下你对组织的未来有哪些美好的愿景； 为实现这个愿景制定一个明确的策略	裁减非核心业务	训练提升现有能力； 同时掌握新技能
3. 建立 A 级要务列表 确定几个最重要的目标并坚定不移地实现它们； 想清楚在上任一年后要达成怎样的目标	行动要迅速、大胆； 重视策略和结构	放慢速度，三思而后行； 重视系统、技能和文化
4. 建立领导团队 对你接手的团队进行评估； 谨慎巧妙地进行一些必要的变动； 从外部招聘人才与从内部提拔有潜力的领导者，在此二者之间要保持最理想的平衡状态	开始组织上层领导清理问题； 从企业外部引进人才	少而精地进行重要变动； 从企业内部提拔极具潜力的人才
5. 确保早期成功 精心策划你在组织中的“出场”； 找到建立个人威信与振作各级人员士气的方法	转变团队的悲观情绪，使团队在心态上充满希望	转变团队拒绝的态度，使团队在心态上具有危机意识
6. 建立支持联盟 确定组织是如何运作的，谁才是具有影响力的人；建立关键的合作关系来支持你所主张的行动	从上级和利益相关者那里获得帮助，对所需资源进行投资	与同级和下级建立联盟，以确保执行更加有效

第 6 章谈及扭转企业亏损时，提到了推进改革的一般方法：先重整企业架构，解决策略性和结构性问题，优化流程和建立技能；之后构造一种新的、高效的组织文化；最后消除员工们的消极情绪，让他们对企业充满希望。这些方法就是斯蒂芬在欧洲成功的要素。他关闭了工厂，调整了产品结构，还进行了大量裁员（策略性调整）。他还迅速地将重要生产部门进行集中管理，整合资源以降低成本（结构性调整）。

可斯蒂芬要是在北美洲业务中使用同样的方法，结果会很不幸，他会触发企业的组织“免疫系统”，领导们、同事们，还有下属们都会坚决抵制他的想法。

在多数人不认为有必要进行调整的情况下，时机尚未成熟就过早尝试改变组织策略或是调整组织结构，很可能会被认为是在做表面功夫或根本就没有那个必要，这样就更难赢得支持了。考虑到北美洲制造业务在产能和效能上并没有出现严重问题，所以没必要关闭工厂（不需进行策略性调整）。主要的生产部门已经高度集中化了，而且相当有实力（不需进行结构性调整）。企业的信息系统和“纵火文化”才是问题根源所在，这在企业调整过程中很常见。北美洲业务确实已经出现了一些下滑迹象，部分原因是领导们总是轻易改变策略和调整结构，而忽视了应先解决其他一些更加重要的问题。

以怎样的方式最先解决那些功能要素问题，仅仅是一个开始。在企业扭亏为盈和企业调整这两个场景中，确保取得既定早期成功的途径截然不同，最重要的一点是要让人们意识到改变势在必行，而你首先要解决好的是人事问题。例如，斯蒂芬之所以在欧洲能够迅速扭转企业亏损的情况，是因为他从企业上层开始进行了人员调整，并从组织外部聘用人才担任重要职位；而在北美洲业务中，他接管的团队已经相当强劲有力了，或许从中选拔人员负责重要岗位更为妥当。

一旦确定了你所接管的企业处于哪种状态，是亟待扭亏为盈还是需要进行企业调整，就可以有针对性地制定策略，以在企业内推行必要的改革措施。在企业调整场景中，可以尝试做出微妙的变动，耐心、巧妙地在不知不觉中进行，而非像斯蒂芬治理欧洲业务那样直接、大刀阔斧。这样工作的重点就明确了，先要逐渐唤起人们对问题的认识，之后再改变中坚人群的态度和行为方式。

唤起危机意识的 5 大原则

只有冲破各种阻碍，才能唤起人们的危机意识，使组织中的每个人都开始关注事态发展，并提前阻止问题恶化。下面几个原则能够帮你改变人们的意识。

强调事实而非个人意见

管理要尊重事实，分析问题的根本原因，以此适度调整企业文化，将过于乐观的情绪转变为更加尊重客观实际的心态。斯蒂芬和团队在前期北美洲业务运营评论会上深入讨论了很多问题，而其中很多观点实际上都缺乏事实根据。在那些会议上，斯蒂芬并未责怪员工没有就他提出的问题给出答案；他坚持要求对他们的观点进行调研，并判断是对是错。他并不坚持“给我答案，不要问题”，因为这个信条其实是一个非常危险的错误观念，会使得团队成员以此为借口不再提出任何具有难度的问题。在这种情况下，斯蒂芬应该主张：“有问题就要提出来，充分研究后找出导致问题的根本原因，并着手解决问题。”

重视外部形势

在企业调整过程中，很容易过于关注内部生产指标排名，为了防止出现这种情况，可以使用行业内外相关的明确排名，尽可能多地关注外部形势。斯蒂芬在北美洲生产运营会议上提到了企业在行业中的排名，他对接管企业的行业排名与客户满意度打分，与其他同类企业进行了横向比较，结果表明，凯尔科北美洲业务在这两方面的排名均处于倒数位置。这就为员工们敲响了警钟。

聘用外部专业人士来教导企业员工

作为新上任的领导，肯定需要督促员工们面对现实问题。但是如果只有你一个人来做这件不讨好的事，就很容易被组织“免疫系统”列为主要攻击对象。引入外界权威的声音可以有效地预防这种情况，因为这些人可以是客户、供应商，甚至可以是企业其他部门受人尊敬的领导者。总之，就是借他们之口说出员工们不愿意听的话。斯蒂芬在这方面做得相当好，他引入公信力高的咨询机构做出的排名，借外界专家之口让员工自己认识到他们的表现确实是懈怠不堪的，从而达到督促员工面对现实的目的。

从内部提任优才

对企业进行调整要比扭亏为盈做更多的工作，需要企业拥有强大的人才储备。因此，要向员工们传达调整的必要性，最好的途径就是从内部提拔一些对企业发展有想法的优秀人才。

斯蒂芬清楚自己要在团队内推行一系列高风险、高回报的改革，因此需要任用技能突出的人才作为制造方面重要岗位的管理者，以此支持他对整个体系的改造。斯蒂芬没有从外部聘用专家，而是从团队内部提拔了一批管理者，这样人们会觉得斯蒂芬除了看到他们的缺点，更会对他们的优势加以肯定。

清除人员障碍

对于意见相左、有碍企业调整的人士，有时我们别无选择，只能将他们清除出企业。在斯蒂芬的案例中，北美洲业务供应链上有一位备受尊敬的管理者，可无论斯蒂芬怎样努力，这名管理者都固执地认为完全没有进行改革的必要。事实上，这位管理者的反应不仅影响到了斯蒂芬的计划，还阻碍了斯蒂芬在企业中建立权威和形成领导力。这名管理者的离职，向组织中的其他人传达了一个很重要的信息——以儆效尤。

改变态度和行为方式的 5 个方法

对人类行为的研究发现，人们的态度与行为之间的关系非常复杂，而且是双向的。态度上的转变能不断地改变人们的行为，反之亦然，而且效果通常会更好。也就是说，如果你想让人们改变做法，就要先让他们以不同的方式思考。研究表明，人们会在行为与想法不一致时感到不适，他们必然会进行纠正，将所想与所做协调一致。因此，以企业调整为目标的新任领导要注意尽早改变自身的行为方式，这样不久就能改变人们的态度，请参考下面 5 个原则。

让人们对形势形成共同的认识

如果召集会议讨论问题，人们自然就会先形成假设，认为确实有问题存在。如果让人们按部就班地研究判断形势，做好准备，他们就不会产生紧迫感，不会认为必须要达成某一个解决方案，或是必须接受某一个改革结果。我在《说服的力量》(The Power to Persuade) 一文中称这个方法为“结点策略”(entanglement strategy)，即在带领人们从 A 点到 B 点时，不要求一步到位，而是采取逐步接受和适应的策略。斯蒂芬首先让团队关注供应链上几个方面的具体表现，而非直接解决各个分散的问题。他还从 4 个核心运营部门中选拔任命了一批管理者，这些管理者既有赞同他想法的，也有持反对意见的。斯蒂芬认为，这都不重要，重点是他们都具有相当的影响力，能够在各部门间形成共同关注点。

调整量化标准

人们依据企业或单位制定的量化标准来评估员工绩效，如销售了多少产品、营业额是多少，或有多少客户持满意态度等。如果改变了衡量标准，人们的行为就会随之发生变化，更进一步他们的态度也会受到影响。这里值得注意的是，对量化标准进行的任何调整都需要得到团队的认可。例如，斯蒂芬在凯尔科制定了一系列新的测评指标，将以前没有得到足够重视的指标提升到了重要位置。这样，他就能将团队的注意力集中在产业链的整体表现上，而非分散解决各个方面存在的问题。同时，他还将团队的注意力转向预测未来可能会发生的问题上，使得团队有的放矢，更合理地分配时间和精力。

调整激励机制

如果嘉奖“救火”行为，如公开认可、提高地位以及予以晋升，最后整个组织就会热衷于“纵火”，而管理者为此付出惨痛代价就不足为奇了。为了让人们更积极地阻止问题的形成，斯蒂芬还规定了奖励原则——对做到防患于未然的行为大力褒奖，而对救火行为的奖励就少得多。这个基本原则也可以用于解决组织各部门间的矛盾，可以很容易地将各部门间的紧张关系转化为彼此信任关系，弥合不同特质造成的裂痕。绝大多数矛盾是由激励措施不一致而造成的。为了使供应链上的各部门相处融洽，减少相互指责的行为，斯蒂芬建立了与新的供应链量化测评直接挂钩的“团队激励机制”。开始时，团队成员会抱怨被别人拖了后腿，但随着行为方式的改变，他们对组织供应链新设置的态度也就有了转变。

联结过去与未来

在企业调整的形势下，尚未被定论为失败的业务仍可以通过调整来弥补企业弱势。这就是说，将这种业务作为改进对象，将人们现在所处的位置与他们的前进方向联结起来，不要轻易放弃任何人和任何想法。为了启动调整计划，斯蒂芬召集了凯尔科最重要的 150 名供应链管理者召开了一系列会议，讨论如何建立企业核心体系、关键技能以及企业文化。对他们来说，确定要进行调整的强项与需要予以重视的弱项并非易事。与会者们最终认为，企业重视团队合作并积极回应是企业的文化优势，相对的文化劣势则为不重视预防问题的发生，直到事态严重才给予注意。有了这些认识，斯蒂芬和管理者就能继续讨论如何保留有利于提高企业效能的文化要素，根除落后、机能不良的文化要素。

早日取得成功并庆祝胜利

在企业调整的过程中要改变人们的行为方式和态度，最重要的一点就是获得动力，推动目标朝着既定方向前进，利用每一点儿进步和成功来激发出更大的前进动力。因此，在取得一些成绩或明显进步时，就要当成是取得了一次胜利，正式宣布并庆祝一下。借此可以明确之前的努力已经开始收获成效，同时还可以选出个人或团队作为“正确思维方式”的榜样。

领导风格要依具体形势而定

企业所处的状态不仅决定了推动改革的方式，而且影响领导者如何管理自己，特别是在新环境下，领导者如何调整领导风格，建立一个与自己的优势强强联合、与弱点相互弥补的团队。这决定了你是要成为英雄式领导者，还是更像个管家。

处于绝境中的企业，员工们极度期望领导能给他们带来希望，使他们重获愿景和指引——这是一种对英雄式领导风格的渴求。就像在危难时刻人们期盼英雄出现一样，员工们希望领导者能够手持宝剑迎击敌人，带领他们进行绝地反击。这很明显就是斯蒂芬在欧洲的情况，他自然地就成为一名英雄式领导者，即刻担任起重任，为人们指明了方向，做出了成效显著的裁断。因为未来在人们眼里如此无望，所以他们愿意毫无怨言地接受斯蒂芬的领导。

相反，在进行企业调整的情况下，就需要领导者更像一名管家：在为人处事上，更注意方式方法；在促进组织达成共识和推进改革的过程中，个人痕迹尽量要少。管家式领导者在决定人员去留以及保留或放弃某些流程和资源时，要比英雄式领导者更有耐心，做事更具系统性。

成功的英雄式领导者和管家式领导者具有很多相同的重要特性：都植根于人们所崇尚的基本价值观，比如都具有良好的职业道德，为人公允且明辨是非；都以解决企业问题为己任；向他人（或自己）发起挑战，努力将事情做到最好；还能明确地指出必须做哪些事情，并勇往直前地进行调整（见图 7-1）。

由于企业状态不同，英雄式领导者和管家式领导者在主持企业调整的方法上确实需要体现出本质的不同。要是斯蒂芬在北美洲业务中还扮演着“快刀手斯蒂芬”的角色，还使用他在欧洲的那一套工作方法，他还能取得成功吗？他的想法很可能会遭到断然拒绝——就像移植到企业里的器官，无疑会激发企业"免疫系统"的强烈排异反应；他的远大抱负很可能会像移植失败的器官一样衰竭，甚至还会威胁到"生命"。所以，当英雄式领导者遇到企业调整的挑战时，必须将自我转变为一名管家式领导者。斯蒂芬到北美洲上任后，就需要认真评估形势，更谨慎稳健地进行调整，为企业持续发展和保持领先地位打好基础。

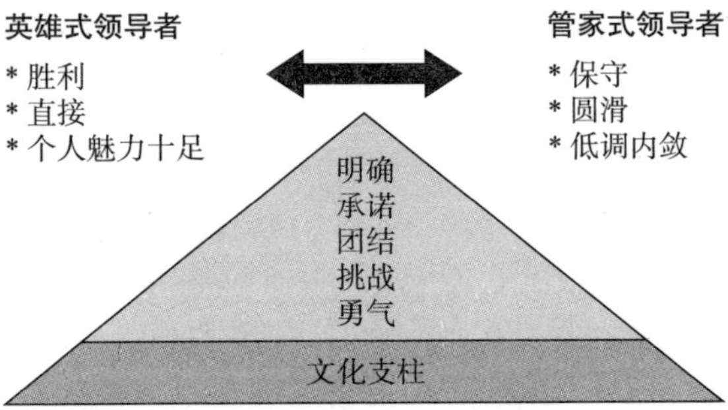

图 7-1　英雄式领导者与管家式领导者

相反，当本质更像管家的领导者遇到了将企业扭亏为盈的挑战时，就会很挣扎。危机之中的人们需要领导者给他们希望并指明方向，其他都是次要的。这种形势要求领导者迅速行动起来，因为此刻已经没有时间再对企业愿景和共享支持部门进行系统的审议和讨论了。所以，当管家式领导者遇到这类挑战时，必须把自己变成英雄式领导者，但关键是必须沿用之前成功的基本管理技能和方法。

尽管到不同企业环境中担任新角色需要在领导风格上进行一定的调整，但要完全改变风格显然是不可能的。任何改变都是有限度的，无论你是英雄式领导者，还是管家式领导者，都无法做到轻轻松松地彻底重建一套个人领导风格。

过渡期中的领导者们可以在一定程度上进行调整，特别是改变一些基本的管理方法。例如，在新环境下如何学习？斯蒂芬在欧洲扭转企业亏损时，需要迅速评估组织的技能维度，包括策略、竞争对手、产品、市场，还有技术，这些更像是一位咨询师所做的工作。尽管了解技能很重要，但对企业文化和职场政治的学习却有更大的意义。内部动态通常都是导致企业开始陷入困境的根本原因之一——让人们认识到调整的重要性，更像一个职场政治挑战，而非单纯凭技能就能克服。对刚加入组织的斯蒂芬来说，他需要深入了解组织的文化和职场政治，才能成功地建立领导力，只有这样他才能在新环境中生存下来。

另外，领导者应寻找在技能上与自己优势互补的人来加入团队。如果你个人更倾向英雄式领导风格，而企业环境更需要你是管家式领导者，就要从组织中找出实质更偏向管家的人来加入团队。在重要的领导团队中，通常会有两至三位领导者来保持英雄主义与管家特性之间的平衡，这样可以大大减少一个人要具有多种特性、扮演多个角色的压力。管家式的管理特性能够抑制住英雄式领导者的一时兴起，防止他们做出傻事，比如冲动、微观管理以及自我陶醉。同时，英雄式的管理特性能抵消管家式领导者做事畏首畏尾、瞻前顾后的弊病，比如不愿承担风险、过度依赖咨询机构和寻求共识。

领导者扮演的每个角色显然需要根据个人发展情况而变化，而恰当的风格组合则要随企业环境变化而改变。例如，根据危机管理的概念，企业扭亏为盈所需的无疑是具有指挥性的英雄主义领导风格；而企业情况一旦稳定下来，高级团队就会希望尽快将重点转向在企业中建立领导力——这就是管家式领导者的工作了。同样，在企业改革的挑战下，一旦通过决议或确定了问题所在，就需要坚毅无畏地采取行动——这时就需要英雄式领导者登场了。

通过 STARS 模型明晰新挑战

STARS 的几个字母分别表示：Start-up，初创启动状态；Turnaround，整顿转向状态；Accelerated growth，加速增长状态；Realignment，改革重组状态；Sustaining success，保持

成功状态。本书一开始稍微探讨了 STARS 模型，并将其作为企业改革管理组合中的标准要件。通过 STARS 模型中不同的企业状态，领导者们可以确定自己的企业需要进行哪些改变，如何在入职的过渡期就开始驱动改革进程。通过掌握企业的形势动态，就能够了解企业状态时刻都处于不同程度的变化之中，调整业务、改善亏损业务，以及进行其他方面的调整。企业有必要让新领导掌握改革流程，熟练使用针对 STARS 模型下的不同企业状态所设计的相应工具。

STARS 模型还应该在企业评估领导和建设团队时发挥重要作用。简单地说，企业应该建立一个样板，并以此展现高效团队的特质。这么做的现实意义有两个：第一，企业通常是由一个两到三人的小组来负责运转的，他们在能力上必须优势互补、强强联合。第二，评估管理团队候选人，分析他们的个人偏好，这时的企业状态就决定了管理团队的人员搭配。

此外，领导者在入职前还能通过 STARS 模型明晰所面对的新挑战。对于通过外部招聘进入企业的领导者，在带领企业整顿转向时所承担的风险与对一家正陷入困境的企业进行改革重组时所面对的挑战完全不同。因此，必须给予这些领导者足够的关注，即在他们承担企业调整任务时，企业要提供有效的支持和帮助，否则一切将在他们入职时就注定失败。

最后，企业还可以在人才管理和接班人培养计划上使用 STARS 模型。一位真正的商业领袖能够同时管理多个处于不同 STARS 状态的企业。大多数企业都会同时处于几个 STARS 状态，如一些部门的业务亟待整顿转向，同时还有一些业务需要调整，一些业务在加速增长，一些业务则需要保持成功状态。使用 STARS 模型可以有效地评估领导者的潜能，尤其有利于分析他们同时处理多个 STARS 状态的经验，并以此确定他们在核心能力上尚存哪些不足，以及可以获得哪些机遇。

挑战清单

Master Your Next Move

1. 建立优势互补型团队的挑战，即如何在一个多数成员否认需调整的组织中，通过建立优势互补型团队来改善企业现状。

2. 改善企业现状的两大对应策略：评估企业形势类型，即评估企业处于哪种状态；采取针对性改革策略以应对形势。

3. 针对性改革策略的 4 大要素：①唤起危机意识，让组织中的每个人都开始关注事态发展，并在事态恶化之前阻止问题扩大化；②改变自身与员工的态度和行为方式，做到双向协调；③依据形势动态地调整领导风格——管家式、英雄式；④根据领导风格，建立优势互补型团队。

4. 评估企业状态的工具：STARS 模型。

5. 关键行动：在组织文化与社交方面加强学习，训练提升现有能力的同时掌握新技能，建立关键要务列表，从企业内部提拔极具潜力的人才。

第 8 章

打造执行力引擎

Master
Your
Next Move

安迪成了大众电子消费品企业杰塔数码的客服部副总裁。企业有 3 个独立运营的客服中心，刚刚重组并由安迪统一管理。作为一名经验丰富的运营经理，安迪知道自己必须提高 3 个客服中心的服务质量，同时还要将其结构、系统和文化协调一致。上任后，安迪看到了 3 个客服中心的 3 种截然不同的业务状况，他想保留各中心的积极要素，同时合并核心结构和系统，彻底解决影响企业能效的根本问题。他能成功吗？

安迪成为大众电子消费品企业杰塔数码的客服部副总裁。企业有 3 个独立运营的客服中心，刚刚重组并由安迪统一管理。作为一名经验丰富的运营经理，安迪知道自己必须提高 3 个客服中心的服务质量，同时还要将其结构、系统和文化协调一致。

安迪上任后用两周时间巡视了这 3 个客服中心，与各个大区总监及其下属进行了会谈，还与一线管理人员和员工们见了面。他想直接看看各中心的组成并了解员工是如何使用资源和技术的。他认为这样会对确定工作要务和制订改善工作的计划大有帮助，也好借此让新上司克里斯蒂娜满意。

在这次考查中，安迪看到了 3 种截然不同的业务状况。他造访的第一个客服中心让他在大受鼓舞的同时又备感忧虑。好消息是这个客服中心一直能够为客户提供及时的高质量服务。另外，在见完一线主管和员工后，他发现这个客服中心拥有完善的工作程序和服务体系，最重要的是员工训练有素、工作态度认真、具有很强的问题解决能力，而且业绩突出。然而，安迪却能明显感受到在员工间隐约存在着一种自满情绪。这令他有些担忧。比如，在被问到有何改进建议时，员工们认为自己的表现已经无可挑剔了，没有需要提高的地方了。

第二个客服中心的经理是 3 位大区客服经理中任职最久的一位。这个客服中心也是 3 个中规模最大的，为美国人口最稠密的一部分地区提供客户服务。在安迪看来，这个客服中心一直都很成功，但最近 12 个月开始出现服务质量下滑的情况，主要体现为对客服质量的投诉量有小幅上涨。但当安迪作为客服部副总裁与这个客服中心的主管和团队会晤时，他们并未对这个问题给予重视。这让安迪备感意外。这里的经理和员工告诉安迪，客服满意度评分只是微微降低，不是他们的服务不够好，而是产品质量有问题和资源有限造成的。他们还说现在的客户是越来越挑剔了。这位大区客服经理看上去只是在淡化问题，而且安迪还注意到他总是显得疲惫不堪。安迪对这个客服中心的情况进行总结后发现，这里的人甚至没有认识到问题的存在，而且正在一点点地丧失高效性。

第三个客服中心则完全深陷于严重问题之中，正是由于这个客服中心业绩不佳，杰塔数码才决定将 3 个客服中心合并起来交由安迪统一管理。这个客服中心的客户投诉量激增，而且投诉内容越来越尖锐——客户们的不满涉及供应链上的所有组织。在与客服中心经理、主管以及员工的谈话中，安迪发现他们的工作积极性不高，而且员工离职率已经到了企业无法承受的地步。很多被领导视为很有潜力的员工都另谋出路去了。巴里受聘进入这个客服中心担任区域总监还不到 8 个月，表面上他还能驾驭得了这艘大船，但他一上任就立即斥巨资建立信息技术平台，并认为这是提升企业效能的关键所在。这项工程面临着巨大的预算压力，巴里只得将项目压缩到不能再压缩的程度。尽管如此，能用于信息技术建设的资金还是十分有限。安迪认为，这个项目确实有闪光之处，但在启动之前没有得到大家的认可。安迪觉得需要多关注一下这个客服中心。

回到总部，安迪苦思冥想研究对策来提高客服部的服务水平。他想保留各中心的积极要素，同时合并核心结构和系统，彻底解决影响企业效能的根本问题。这 3 个客服中心刚刚合并完成，尚处于相互磨合的阶段，其客户支持方面的服务尚能令人满意，而安迪不希望自己上任后客户满意度打分变得更糟。

除了这 3 位大区客服经理，安迪就没有其他直接下属了。他计划着向同事们寻求人力资源方面的帮助和财务支持，以及获得其他资源，但每个客服中心都有自己独立的核心支持部门——像运营部、质量管理部，还有培训部等，其实安迪可以从这些部门的员工那里寻求好建议。在对自己的观察和记录进行消化总结后，安迪找到新上司汇报想法，而克里斯蒂娜却单刀直入地问他：“你要换掉巴里吗？”

辨析 STARS 状态

第 6 章、第 7 章讲述了领导者在两个 STARS 企业状态中的过渡期，而实际中遇到的情况多为复合型挑战。你遇到的很可能就像安迪遇到的一样，是一个 STARS 组合挑战，由于企业各个部门处于不同的 STARS 状态，所以更复杂。

前两章所提到的方法同样可以用于解决复合企业状态下的复杂问题。可以用第 6 章提出的企业体系分析法对企业各个独立业务进行分析并诊断问题；还可以用第 7 章提出的主动调整方法，在各部门间制造足够的改革动力。然而，与处理单一企业状态挑战最不同的一点，就是组合挑战要同时解决多个 STARS 状态下的各部门事务。这就决定了作为领导者应该如何制造动力、打造团队、调整领导风格，以便适应一个存在多种形势的企业的管理方式。

首先，要仔细解读企业反映出的任何一种可能的 STARS

状态。可以采用图 8-1 所示的方法进行 STARS 组合分析，从不同的角度来划定分析单位，如部门、产品、项目、客户、流程、设备等。但是，依据领导者的职责属性来确定分析单位更适宜，如对安迪来说，应该先以客服中心为单位进行分析。

其次，利用图中的表格来预测企业的哪些部门处于哪种 STARS 状态——初创启动状态、整顿转向状态、加速增长状态、改革重组状态，还是保持成功状态。例如，安迪了解到杰塔数码 1 号客服中心一直都很成功，2 号客服中心需要进行调整以提高服务水平，3 号客服中心则亟待进行重大改组以彻底改善运营状况。注意，这里不需要把整个表格都填满，业务各方面加在一起完全可能只有一到两种 STARS 状态。

再次，对需要优先处理的事务进行排序。在相应的栏目中，设定"优先指数"满级为 100%，根据未来 6 个月，你应对分属不同 STARS 状态的业务给予的不同关注度打分。例如，安迪会将 50% 的时间投入整顿 3 号客服中心的业务上，35% 放在提升 2 号客服中心的服务上，还有 15% 用于确保 1 号客服中心保持良好的成功状态。

最后，在最擅长管理的 STARS 状态上标记星号。一些领导者喜欢接受迅速扭转企业状态的挑战，另一些则善于应对不断增大或更有意义的挑战。企业调整挑战和保持企业领先挑战，这两种情况出现得比较多。选出你的个人偏好，并确定所做的优先事务排序是否真实反映了企业的需求。简单地说，就是你标记的是你善于处理的企业问题，还是你喜欢的工作方式。要是被标记出的 STARS 状态正是你打分最多的部分，就说明你所面对的挑战与你的关注点正好相配。这是最好的情况，否则就是你的个人偏好影响了事务优先度的正确性。

首先，选择一类分析单位（单选）。

部门	☐
客户	☑
产品	☐
项目	☐
流程	☐
设备	☐
国家	☐

其次，评估哪些部分属于STARS模型的哪种状态。

STARS状态	分析单位	优先指数
初创启动		
整顿转向	3号客服中心	50%
加速增长		
改革重组	2号客服中心	35%
保持成功	1号客服中心	15%
	总计	100%

图 8-1　STARS 组合分析

督促执行，成为“组织热力学”专家

一旦完成组织 STARS 状态组合挑战的分析，就可以利用这个信息找出推行改革的方法。这就要谈到督促执行的学问了。

物理学家和科研人员研究热力学即引擎是如何将燃料转为动力的，已经有几百年了。管理一家具有多个 STARS 状态的企业，处于过渡期中的领导者需要尽快成为“组织热力学”专家，即通过企业产品和工序（执行力引擎）将人力、财力和物力（燃料）转化为重要的早期成功（前驱力）。如图 8-2 所示，执行力引擎包括专项项目组、能够将事情落实的领导者，还有强大的支持系统及流程。

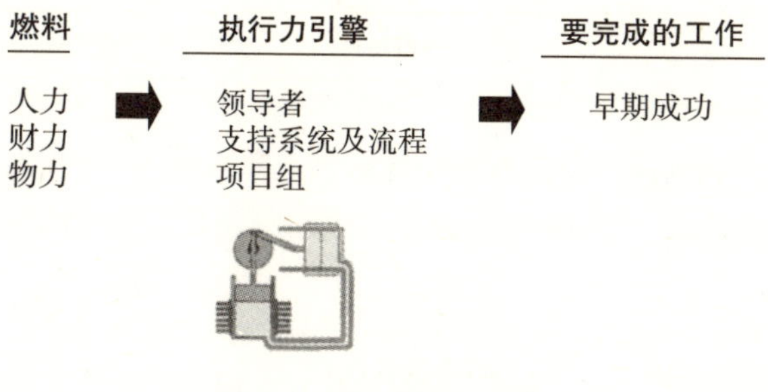

图 8-2 组织热力学概览

确定工作重心

要使组织的执行力引擎强劲有力，如史蒂芬·柯维[①]在《高效能人士的七个习惯》一书中提到的那样，一开始就必须有明确的目标。在这本书中，明确的目标是取得早期成功并为企业改革增加更多动力的保障。确定最有可能快速实现改善的3～4个方面，将它们作为“工作重心”来认真思考，首选是见效快、投资低，不用占用太多资源就能妥善解决的企业问题，最好还能同时为企业带来利润。可以将STARS组合分析中的一些方面作为明确的目标。安迪要认真思考如何快速彻底改善3号客服中心的情况：首先，从另外两个客服中心调集优势人才成立SWOT分析小组，通过研究确定工作要务。虽然这不是他关注的唯一重点，但由于问题的严重性和高层的重视，先解决3号客服中心的问题就尤为重要了。

在汇总评估结果时，要综合考虑到STARS状态组合的影响：只有具体情况具体分析才能尽早收获一些成效。3号客服中心处于崩溃的边缘，如果安迪能阻止事态继续恶化，就是成功的第一

① 美国学界“思想巨匠”，其遗世之作《高效能人士的影响力法则》从构建影响力的3大模式入手，揭示了高效能人士影响力的10大原则，以及提高影响力的5个关键因素。该书中文简体字版已由湛庐文化策划，浙江人民出版社出版。——编者注

步。但若 2 号客服中心需要再上一层楼，安迪就得让员工意识到问题所在。这位新副总还需要消除 1 号客服中心员工的自满情绪，引导他们继续提供卓越的服务。与此同时，安迪还要将 1 号客服中心优秀的特质作为范例向另外两个客服中心推广。

除了要了解具体条件，还要集中精力：如果同时在多个部门采取多个行动，那么所面对的风险将会大大降低效率。从风险管理的角度来看，一次采取的行动不要过多，每次只解决一方面的问题，效果会更突出，而且能消除其他方面的失望情绪。

明确针对哪些薄弱环节进行调整的目标以取得早期成功后，还需考虑两件事。一是，没有人可以随随便便成功，唾手可得的成功很可能是个陷阱。如果不能与整体目标形成一致，就不要把所有力量都用于取得一些小的战术胜利上。的确，早期成功能帮你在短期目标中取得一些收获，但早期成功更应该为你达到远期目标奠定坚实的基础。二是，要花些时间和精力弄清哪些事情会被高层视为早期成功，而且，只要你做到了这些事情，就能得到他们的肯定。对安迪来说，不管是否开除巴里，他都要想清楚如何回应克里斯蒂娜提出的这个尖锐问题。克里斯蒂娜这么问，实际上表现出她对这个单位十分担忧，同时也暗示了安迪需要对这个部门给予更多关注。安迪应该认真考虑巴里的想法和计划是否能够奏效，还应考虑巴里是不是有能力实现计划但欠缺必要的支持。如果安迪没这么做就直接开除了巴里，就会向3号客服中心的其他人发出错误的信号。因此，明确潜在工作重心并进行评估才是首要的。请认真回答表8-1中的问题，在对潜在重心相应早期成功表述最贴切的选项上画圈，并计算每个潜在工作重心的得分，结果大致能指示出需要尽快加以改善的企业特定方面。

表 8-1　　早期成功评分表

	完全没有	很少	一般	很大	非常大
这个重心能为改善表现提供机会吗？	0	1	2	3	4
以现有的资源能够在一定时间内取得进展吗？	0	1	2	3	4
在这个方面取得的成功能为你的一年期计划奠定基础吗？	0	1	2	3	4
在这个方面取得的成功会被你的上司视为关键性的成功吗？	0	1	2	3	4
总分：					

注：结果会在0～16分。你可以借此对几个潜在工作重心做出大致的评测。显然，得分越高越好。超过12分的举措是最好的；低于8分的则说明不重要。还要注意用常识来解读这些分数，例如，如果第一项得分为0，也不影响其余几项全打4分。

经过一段时间的分析，安迪最后确定了4项举措来确保早期成功：彻底改善 3 号客服中心的业务，统一这 3 个客服中心的工作标准和评估标准，将 1 号客服中心的优点作为范例向其他两个客服中心推广，以及评估对重要部门采取统一管理所需的成本和可能取得的成效。完成了这项分析工作，安迪才把精力转向获取必要资源以及组织团队上，并开始行动。

加满燃料

明确早期成功目标之后，就要为此做好人力、物力、财力方面的准备，并协调 1 号和 2 号客服中心借调人员的档期。这些都是能够为执行力引擎增强动力的燃料。

一方面，可以通过对团队人员组成和战略性方向（如明确任务、目标、企业核心竞争力，以及其他战略性关键要素）等重要问题进行决策，来为组织执行力引擎加注燃料。另一方面，还要审慎地对待组织现有的行为方式：员工们是如何分配时间的，说明了他们的要务是哪些，还体现了他们的工作习惯以及个人策略。这大致就是安迪在评估 3 号客服中心时所做的事情，所得的评估结果对他采取行动争取早期成功至关重要。

在接管团队时，让每人写下平时一周里做得最多的 10 件事和每件事大致占用的时间比例，这个方法能帮你很快发现员工们做事的方式。当然，要谨慎地解读他们的反馈，因为员工们对自己在什么事上花了多少精力并不是很清楚。这些数据能显示出哪些事情得到的关注不多，还有哪些事情需要更加重视。他们的反馈同样还能作为素材来进行“中止—调整—重试—开始”（stop-alter-continue-start）分析（见图 8-3）。也就是说，为了确保完成前期既定目标，应该先停下来取得哪些资源？怎样才能让员工的努力和你的目标协调一致？哪些任务和工序需要保持现状？你要推行哪些新的行为方式？

中止

调整

重试

开始

图 8-3 “中止—调整—重试—开始”分析

安迪对杰塔数码的分析说明，3 个客服中心的多数工程项目都是投入了资金却收效甚微的，他还发现其中很多功能都是重复的。这证明了杰塔数码的合并计划是正确的，也为这位新副总指明了工作重点。有了这些信息，安迪就能为实现早期成功设计项目和行动方式，准备好必要的资源了。

打造你的执行力引擎

在推动改革时，收集了足够的必要信息之后，就要开始打造执行力引擎以贯彻执行各项事务了。取得前期的胜利与成功本身一样重要，因此这一步至关重要，需要将事情考虑周全。加强执行力显然是让组织从极糟的运行状态中摆脱出来最好的办法，因此你的执行力引擎应能起到双重作用：尽快推动组织采取措施进行优化改革，同时建立新的行为准则。

管理者在入职前期对已制定的每一个成功目标都应给予足够的重视，要像管理项目一样认真地完成任务。执行力引擎的配置要符合项目要求，这就需要项目团队认真地进行评估，并依照规范化的标准和流程进行管理。由适当的人选负责项目的管理工作十分重要，只要能够胜任这项工作，即使是不太赞同你意见的人，也可以被任命为管理者。另外，你还需要谨慎地确定每个项目的内容和目标，并解决好监理方与实施方的职场政治关系。从项目提出之初就争取得到各部门代表人物的支持，或许可以通过他们争取到更多的支持来推动改革进程。

最后，还需要盘点一下完成项目所需的技能和期限，然后落实好各项资源及支持工作。哪些专家适合加入项目组？项目组成员还需要进行额外的培训吗？例如，他们可能需要掌握更多的方法来解决结构性问题，或应该学习如何才能更好地建设团队。这些投入会增加更多的途径来建立和加强新的行为准则。

在打造执行力引擎时，不妨借用一下 FOGLAMP 项目规划模板（见表 8-2）。FOGLAMP 是关注点（Focus）、监督（Oversight）、目标（Goals）、领导（Leadership）、能力（Abilities）、方法（Means）以及程序（Process）的英文首字母组合。

表 8-2 FOGLAMP 项目规划模板

要素	计划
关注点 • 项目的焦点在哪里？ • 你要怎么做才能确保早期成功？ **监督** • 你会如何监督项目？ • 谁还可以参与其中带来更多支持并能将工作落实到位？ **目标** • 目标是什么？ • 在怎样的时间框架下有哪些阶段性目标？ • 谁来负责总目标下的各项具体工作？	

续表

要素	计划
领导 • 由谁来负责项目？ • 还需要哪方面的训练才能确保取得成功？ **能力** • 不同的部门需要哪些能力组合？ • 需要哪些人提供技能或者知识？ • 需要哪些人作为各个方面的代表加入团队？ **方法** • 团队还需要哪些额外的资源以保障项目取得成功？ **程序** • 团队有没有可以借鉴的改革模式或结构化的程序？ • 若有，应该如何加以利用？ • 如何才能把它们作为行为准则来使用？	

STARS 模型与个人适应性挑战

领导者不仅要管理组织中处于不同 STARS 状态且相对独立的多个部门，还要清楚如何管理自己。我在这本书中一贯强调，过渡期中的领导者应该了解新职位上的组织变革挑战和个人适应性挑战。当面对一个复杂的 STARS 组合情况时，通常会出现两种个人适应性挑战：一种是调整自己的领导风格以适应管理具有多个不同 STARS 状态特征的企业；第二种是打造一支能与你形成优势互补的团队，强化优势、弥补劣势，并将你的精力投入最擅长的领域，最大限度地利用你的技能和兴趣。

在上任最初的几小时、几天、几星期或几个月里，你会很自然地希望做成一些事：迎接你所面对的挑战、找到适合的策略或得到所需的专家人才。然而，回顾一下以往处理过的STARS组合事务经历，会对你大有裨益。花几分钟回顾一下你管理过的处于以下几种不同状态的企业的经验：初创启动、整顿转向、加速增长、改革重组及保持成功（见表8-3）。

使用表8-3分析你对以往单个STARS状态的管理经验。在第一列，确定出你经历过最重要的管理工作。根据不同的STARS状态，对你做过的管理工作进行归类，然后在对应的状态下打钩，最后在每一列中合计复选标记的数量。这样就能大致了解至今你所经历过的STARS状态了。

你的管理经验是主要集中在一到两个STARS状态上，还是你管理过更复杂的STARS状态部门，如何与本章开始提到的STARS组合评估相协调？你所处的STARS状态正好符合你的长项，还是你对此并没有太多经验？再次回到第7章中英雄式领导者与管家式领导者角色。当管理一家处于复合STARS状态的企业时，并不需要刻意专攻哪几个部门，关键是要形成管理处于多个 STARS 状态的部门更有效的管理风格，建立英雄式与管家式相互协调的领导风格，高效地管理团队。

表 8-3　　追踪你的 STARS 状态管理轨迹

工作	初创启动	整顿转向	加速增长	改革重组	保持成功	关闭企业
1.						
2.						
3.						
4.						
5.						
6.						
7.						
8.						
9.						
10.						
总计：						

假设安迪是一位英雄式领导者，那么他会很自然地关注并彻底改善 3 号客服中心的业务。这也许是正确的选择。在相应的项目组中，同样可以启用一位英雄式领导者，以相应的重组策略来管理这家服务中心。1 号客服中心一直都很成功，2 号

客服中心需要调整业务，这种情况更需要领导者趋向管家式的领导风格。这在人选上就提出了更大的难题。安迪本人适合吗？还有，根据他调整领导风格的能力，又该选谁来管理这两个客服中心并尽早取得成效呢？

通过自我测评，能知道自己是不是需要成为 STARS 状态管理全才，或怎样才能成为 STARS 状态管理全才。在管理者人才市场中，能够彻底改善企业的管理人才很多，但实际情况是，大部分的管理岗位和企业更需要能够全面掌控 STARS 状态组合的领导者。

通过评估接管团队中的直接下属，还应了解到你所接管的 STARS 状态组合。团队中有适合的人选来确保计划执行吗？依据团队成员在具体 STARS 状态下的工作经验，你可以指定谁来负责哪些工作？一般情况下，专注于企业调整的团队很少，领导者在入职后很少能接手这样的团队，但要打造一个能够力挽狂澜的团队却相对容易。确实，如果需要聘用或晋升人才，最好以 STARS 组合观念来权衡并选出合适的人选，这样他们就会很清楚自己的任务，而且具有相应的能力。在开始面试之前，先回过来问问自己：我聘用这位领导者，需要他负责哪个 STARS 状态部门？如果他具有相应的技能，这个职位的人选很容易就能决定下来了。

挑战清单

Master Your Next Move

1. 打造执行力引擎、应对复合挑战，即如何推动组织采取措施来优化改革，解决复合企业状态下的复杂问题。

2. 打造执行力引擎、应对复合挑战的两大原则：在关键参与者之间制造足够的调整动力，领导者的调整策略要发挥督促执行的作用。

3. 督促执行的 6 大要求：

①明确工作重心，即明确事务优先级，并制定明确的目标；

②协调自我偏好与企业管理偏好，关注企业真正的管理问题，而不是你所擅长处理的；

③取得早期成功，明确薄弱环节，据此制定短期目标，为达成长期目标奠定基础；

④评估、整合资源，确定需要先暂停哪些活动、对哪些事务做出重大调整才能继续高效运转，以及需要采取哪些新举措；

⑤盘点完成项目所需的技能和流程，进而落实好各项资源及支持工作；

⑥打造执行力引擎，评估项目的资源配置要求，并依照规范化的标准和流程进行管理，快速摆脱糟糕的运行状态。

4. 关键工具：STARS 组合分析表、早期成功评分表、“中止—调整—重试—开始”分析、FOGLAMP 模型。

5. 关键行动：评估直接下属，以及 STARS 状态组合，制定调整策略，量化目标，打造执行力引擎以加速组织变革，打造一支能与你形成优势互补的团队，强化优势、弥补劣势。

结 语

构建职场过渡期的加速系统

本书一直在探讨管理者面对的多种艰难的过渡期，以及在具体形势下可以使用的策略。同时，对管理者提出了一些建议以加速不同种类的过渡期。

总结来说，过渡期多种多样，其中的内在联系值得深入研究。虽然每种过渡期有其自身特点和要求，但新上任的管理者都需要经历这样一段时期，在这段时期里，他们都有着迫切需要解决的根本问题：迅速对形势做出诊断，同时明确组织变化和个人适应性挑战有哪些，以及如何制订计划来驱动改革，追求个人卓越。

企业该如何加速管理者的职场过渡期，这么做的意义在哪里呢？首先，企业要把加速管理者职场过渡期的效率，作为企业风险管理中的重要组成部分和加强竞争力的重要途径。如果能有效降低管理者过渡期的失败率，就能降低企业失败的风险或减少由于业绩不佳对企业造成的损失。如果能帮助企业里所有管理者更快更好地度过过渡期，就能使企业比竞争对手更加灵活、迅捷。

其次，企业应该将加速管理者过渡期作为一项重要的企业程序来加以管理。过渡期风险管理，是指利用恰当的结构和体系帮助每个人快速完成过渡。这还意味着要有适当的量化标准和激励机制来评估过渡期风险，并严格评估过渡期加速系统所产生的影响。

最后，没有必要针对不同种类的过渡期设计不同的体系。为入职挑战、晋升挑战，或跨国工作挑战专门制定方法，其实企业这么做完全没必要，原因就在于这些不同种类的过渡期实际上是内在统一的，因此只需设计一套切实可行的过渡期加速系统就够了。这样的体系应该：

- 在同一框架下；

- 能够为经历不同过渡期的管理者提供符合体系要求的一套方法和技巧；
- 由关键人员构成人力网络来帮助管理者进行过渡。

这样，就能在各种过渡期之间形成一种大家都能理解并使用的语言。管理者在一种过渡期中学会了这种语言，就能在接下来要经历的其他过渡期中熟练地使用它。这种语言还能为度过身边正在发生的种种过渡期提供支持，像直接下属、同事，还有管理者在接受新角色时也需要得到这些帮助。这样做的最终目的就是将加速过渡期的观念牢牢植入企业文化中去。

由此，企业该如何建立全面的过渡期加速“解决方案”呢？通过与领先企业长达 10 年的合作，我建立了一套非常有效的“设计原则”，可以用于为企业建立适当的解决方案。

全程提供过渡期支持

过渡期会经历一系列可预测的阶段。一开始，管理者会对所处环境进行细致深入的研究与诊断，对形势有了明确的认识，就可以转向为组织制定战略性方向了，如明确任务、目标、策略以及愿景。随着企业发展的大方向愈加清晰，最好开始着手决策企业关键性事务——结构、流程、人才以及团队。与此同时，要发现并把握住机遇尽早收获成效，创造更多的改革动力。

随着过渡期的展开，管理者所需的支持会发生变化，而这都是可以预测到的。在早期，诊断形势所需的各方面支持是必不可少的。之后，则需要通过支持来确定战略性方向，为日后成功以及早期成功打好基础。关键是，管理者在过渡期中的每一步都需要相应的支持。从上任起，他们立刻就会被繁杂的事务淹没，能用来学习的时间非常有限，因此必须很快掌握职务要求的各种能力，迅速地制定工作规划。所以支持也必须相应地分为多个模块，否则管理者将无法有效利用。

在整个过渡期中，全程向管理者提供各种所需的支持，就是这部分的根本目的。

充分利用正式入职前的时间

过渡期不是在正式入职时才开始的，而是早在选拔和晋升阶段就已经开始了。正式入职前的阶段对管理者来说非常宝贵，可以用来了解新组织、规划新职位并制定早期成功目标。

一旦正式上任，管理者每天就会为日常事务忙得不可开交。

组织过渡期加速系统，应该旨在在管理者正式入职前的时期里，尽可能多地为他们提供支持，为他们的学习过程提供关键文件和有效方法，同时为他们开展前期诊断性工作提供帮助。对管理者而言，在入职前如果能得到一位私人指导者（如企业“文化解读者”）的帮助，就能快速准确地把握形势。

这部分的核心目的，即充分利用入职前的这段时间，快速启动学习过程。

创造行动驱动事件来推动进程

加速过渡期的最大矛盾就在于过渡期中的管理者经常感到过于忙碌而根本没时间学习和进行规划。尽管他们知道应该充分利用资源和花时间来规划过渡期，可新职位上各种紧急事务总是令他们应接不暇，所以他们很难挤出精力来做这些重要的事情。

虽然充分利用正式入职前的这段时间和获得全程支持会很有帮助，但还需要一些能够驱动过渡期进程的事情。与私人指导者进行会谈，或通过一系列事件使得过渡期中的管理者在心态上更成熟，使得他们对很多事情凭借经验就能直接做出判断。

这也就是说，企业应该按照一定的程序来设计过渡期支持，而不能随意迁就管理者的进度。管理者最好能设计一系列重点关注“事件”，在关键阶段，与私人指导者会谈或多加讨论。在正式入职前，私人指导者可以帮助管理者断明当前形势和完成自我评估，之后就可以开展一些像“新品发布会”这样的活动来介绍他们，这样会使得管理者正式入职时的效果更好。

在此期间，过渡期私人指导者最好能与管理者尽早形成重点突出、高效的沟通方式，这样就能更好地开展形势诊断工作了：私人指导者们拥有非常宝贵的资源，他们会把自己对形势的了解有效地传达给管理者。他们的洞察力在诊断现状时还能巩固与管理者之间的关系。

这部分的根本目的是通过一系列的行动来推进管理者的过渡期。

提供额外的专项资源来支持具体形式的过渡期

我的上一本书《创始人》中提出的原则可以应用于所有种类的过渡期。然而，使用这些原则的方法和管理者追求的首要任务会由于他们经历的不同过渡期而截然不同。因此，要确定对企业而言最重要的过渡期是什么，需要对哪些种类的过渡期给予针对性的、具体的额外资源作为支持。

具体而言，在最常见的两种过渡期中，需要向管理者提供支持的原因有很多。

- 晋升。正如在第 1 章中讨论过的，当管理者得到晋升时，通常需要按照可预测的方式调整自己的领导风格。在新层级取得成功所需的能力，可能会与之前取得成功时所需的完全不一样。管理者还需要承担不同的角色，展示不同的行为，以及用不同的方法与不同的下属沟通。因此，一整套有针对性的资源可以帮助管理者“迈上一个新台阶”，以此加速他们的过渡期。
- 入职。像在第 4 章中讨论过的，当管理者加入新组织或在两个不同的亚文化单位中调动时，面对 3 个主要挑战：①适应企业文化；②缔结关系联盟；③调整期望。有针对性地提供资源能够帮助他们了解新组织的做事方法，这样他们就能少走弯路，尽快在新环境中发挥作用。例如，通过与全球领先的健康护理企业合作，我用哈佛商学院的研究方法对其企业历史、文化和核心业务做了一整套案例分析。

这里没有列出所有种类的过渡期，如国际工作调动过渡期，它对很多企业来说也是十分重要的，企业只要在一开始为评估形势提供支持就可以了。

这部分的根本目的是确定企业最需要支持的几种过渡期，然后指导管理者使用核心框架和工具，为他们提供额外的、具有针对性的过渡期支持资源。

根据领导级别提供相应的学习模式与学习内容

如果可以不用考虑成本问题，那么过渡期中的每位领导者都应该获得高效、集中、个性化的支持。在理想状态下，企业应该为每位新领导配备一名对形势具有独立见解、能使其在正式入职前对形势有清楚认识的过渡期私人指导者。私人指导者可以帮助领导者进行自我评估，明确过渡期中有哪些需要警惕的风险。私人指导者还能帮助新领导就发现的问题进行针对性规划，全程参与制定目标，辅助评估和调整团队，收集对新领导所作所为的反馈，当然，还有在新领导需要时参与讨论各项事务。

解决方案有：①确定提供支持的几种可选模式，如是教练、系列研讨会，还是网络学习；②评估几种模式的成本和收益；③支持供应模式和支持范围要与企业领导补给线核心层次相配合，由此才能使投资回报率最大化（见表 9-1）。

表 9-1　　与领导级别相配合的支持供应模式

领导级别	过渡期支持供应模式
一线监督人员	提供系列的网络学习和工作手册，或进行一天培训学习和提供入职支持
经理人	提供两天的集中培训学习和入职支持
职能部门领导者（常为副总裁）	提供加速过渡期私人指导（较少集中）
业务部门领导者	提供加速过渡期私人指导（较为集中）
团队领导者	提供过渡期规划和私人指导
C 级执行官	提供过渡期规划和私人指导

这部分的核心目的是以能够使投资回报率最大化的方式，为处于具体层级职位过渡期中的管理者提供支持。

明确角色并调整核心支持人员的工作重心

最后，很多人都有可能影响到管理者过渡期的成败，包括他的上司、同事、直接下属、人力资源师、私人指导者以及良师益友。一般是由一名私人指导者或人力资源师针对管理者的情况提供过渡期支持，而弄清楚其他人如何激励管理者开展工作并给予了怎样的支持同样重要。

例如，上级领导无疑就要为加速管理者的过渡期提供资金支持，或许还要满足管理者其他更迫切的需求。所以要为上级领导和其他关键人士提供深思熟虑后的意见和方法，这样他们才能高度集中精力有效地支持他们麾下的新晋管理者。在管理者入职时，人力资源师同样可以帮助他们准确把握企业文化，以此作为对他们的支持。但需要再次强调的是，必须明确必须做的事情，以及有哪些激励机制。

这部分的根本目的是让关键人士来支持管理者入职，为他们度过特定情况下的过渡期提供恰当的支持。总的来说，设计过渡期进程的核心目的是：

- 将上司、直接下属、同事之间使用的语言制度化，让沟通更有效；

- 在整个过渡期中，向管理者提供他们所需的支持；
- 充分利用正式入职前的时间，快速对形势做出判断；
- 通过一系列活动来驱动过渡期进程；
- 确定几种需要特别支持的重要过渡期，然后指导管理者如何使用核心框架和方法，以及为他们提供额外的具有针对性的过渡期支持资源；
- 以能够使投资回报率最大化的方式，针对具体层级职位的过渡期提供支持；
- 争取使关键人士为管理者有针对性地提供适当支持。

未来，属于终身学习者

我这辈子遇到的聪明人（来自各行各业的聪明人）没有不每天阅读的——没有，一个都没有。巴菲特之多，我读书之多，可能会让你感到吃惊。孩子们都笑话我。他们觉得我是一本长了两条腿的书。

——查理·芒格

互联网改变了信息连接的方式；指数型技术在迅速颠覆着现有的商业世界；人工智能已经开始抢占的工作岗位……

未来，到底需要什么样的人才？

改变命运唯一的策略是你要变成终身学习者。未来世界将不再需要单一的技能型人才，而是需要具善的知识结构、极强逻辑思考力和高感知力的复合型人才。优秀的人往往通过阅读建立足够强大的思维能力，获得异于众人的思考和整合能力。未来，将属于终身学习者！而阅读必定和终身学习形离。

很多人读书，追求的是干货，寻求的是立刻行之有效的解决方案。其实这是一种留在舒适区的阅读。在这个充满不确定性的年代，答案不会简单地出现在书里，因为生活根本就没有标准确切的答你也不能期望过去的经验能解决未来的问题。

湛庐阅读App：与最聪明的人共同进化

有人常常把成本支出的焦点放在书价上，把读完一本书当作阅读的终结。其实不然。

时间是读者付出的最大阅读成本
怎么读是读者面临的最大阅读障碍
“读书破万卷”不仅仅在“万”，更重要的是在“破”！

现在，我们构建了全新的“湛庐阅读”App。它将成为你“破万卷”的新居所。在这里：

- 不用考虑读什么，你可以便捷找到纸书、有声书和各种声音产品；
- 你可以学会怎么读，你将发现集泛读、通读、精读于一体的阅读解决方案；
- 你会与作者、译者、专家、推荐人和阅读教练相遇，他们是优质思想的发源地；
- 你会与优秀的读者和终身学习者为伍，他们对阅读和学习有着持久的热情和源源不绝的内驱力。

从单一到复合，从知道到精通，从理解到创造，湛庐希望建立一个“与最聪明的人共同进化”的社成为人类先进思想交汇的聚集地，与你共同迎接未来。

与此同时，我们希望能够重新定义你的学习场景，让你随时随地收获有内容、有价值的思想，通过实现终身学习。这是我们的使命和价值。

使用App扫一扫功能，遇见书里书外更大的世界！

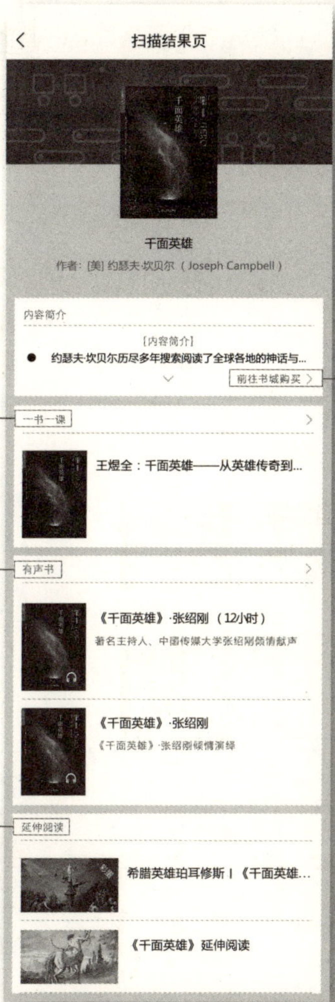

快速了解本书内容，
湛庐千册图书一键购买！

课、
全本一键了解，
、讲书、拆书！

的彩蛋
多知识、资讯，
阅读！

湛庐CHEERS

延伸阅读

《要领》

◎ 谷歌母公司 Alphabet 董事会主席、“硅谷教父”约翰·汉尼斯重磅力作，清华经管领导力研究中心主任杨斌教授领衔翻译。

◎ 汉尼斯以自己“在事上磨”的真实案例现身说法，总结自己“满脸污泥、汗水和血迹”地在竞技场中拼搏的习得，凝结成 10 条归真求是的“领导要义”。

◎ 图灵奖得主大卫·帕特森倾心作序，马化腾、姚明、姚期智等十几位卓越领袖倾情推荐！

《萧条中的生存智慧》

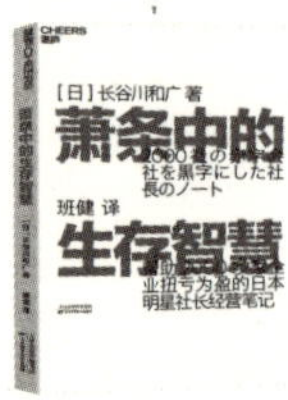

◎ 帮助 2 000 多家企业扭亏为盈的日本明星社长经营笔记，再版 24 次，狂销 15 万册，实用度满分的日本热卖图书。

◎ 日本明星社长长谷川和广讲述企业和个人在萧条时代的生存法则，涉及人才选拔、利润创造、员工激励、个人提升等多个维度。

《伟大企业的四个关键原则》

◎ 全食超市创始人约翰·麦基引领商业觉醒力作，世界 500 强美敦力公司前 CEO 比尔·乔治倾情作序推荐。

◎ 用有趣又直观的图片揭示高绩效团队背后的通用模式，既适合小型团队，也适合大型组织，无论团队规模大小，都可以在书中找到摆脱当下窘境的方法。

《高效能人士的影响力法则》

◎ 美国学界“思想巨匠”史蒂芬·柯维遗世之作，继《高效能人士的七个习惯》后最具影响力的作品。

◎ 从构建影响力的 3 大模式入手，揭示了高效能人士影响力的 10 大原则，提高影响力的 5 个关键因素，让你有机会利用这些原则，重塑你的一切。